AF196492

Über das Buch

Jeder wird sich später an 2020 als das Jahr der Coronapandemie erinnern – auch ohne dieses Buch gelesen zu haben.

Aber sind uns dann die besonderen äußeren Umstände, das eigene Verhalten, die emotionalen Befindlichkeiten und letztlich auch die Chronologie der Ereignisse wirklich alle noch gegenwärtig?

Ich habe auf diese Frage für mich eine Antwort gesucht, indem ich ein halbes Jahr lang meine Eindrücke tagebuchähnlich und – bis auf die mathematischen Inhalte – meist in lyrischer Form festgehalten habe.

Angeordnet in Monatskapitel und ergänzt durch einleitende Texte sowie zwei „coronafreie" Geschichten ergeben die Beiträge ein sehr persönliches Buch.

Ich hoffe, dass sich darin die Leserinnen und Leser in der Rückbesinnung auf ihre eigenen Erfahrungen wiederfinden werden.

Hans-Werner Lücker im November 2020

Über den Autor

Hans-Werner Lücker, geboren 1953, ist pensionierter Gymnasiallehrer mit den Fächern Mathematik, Physik und Informatik. Er widmet sich seit zwölf Jahren dem Schreiben.

Nachdem er sich zunächst vorwiegend mit der Lyrik beschäftigte, hat er sich in seinen letzten Büchern der erzählenden Literatur zugewandt.

Eine Aufstellung seiner bisher erschienenen Werke befindet sich am Ende dieses Buches.

Hans-Werner Lücker

Stand-by
Ein halbes Jahr im Coronamodus

Gedichte, Zahlen, Gedanken & mehr

www.tredition.de

Ich freue mich über eine Rückmeldung auf meiner Facebook-Autorenseite:
www.facebook.com/hanswernerluecker

© 2020 Hans-Werner Lücker

Verlag und Druck:
tredition GmbH, Halenreie 42, 22359 Hamburg

ISBN: 978-3-347-20782-0 (Paperback)
       978-3-347-20783-7 (Hardcover)
       978-3-347-20784-4 (e-Book)

Umschlagfoto: Hans-Werner Lücker

Das Werk, einschließlich seiner Teile, ist urheberrechtlich geschützt. Jede Verwertung ist ohne Zustimmung des Verlages und des Autors unzulässig. Dies gilt insbesondere für die elektronische oder sonstige Vervielfältigung, Übersetzung, Verbreitung und öffentliche Zugänglichmachung.

INHALT

Vorwort

Zunächst waren es die nackten Zahlen, die mich zu Beginn der Pandemie im März des Jahres 2020 in ihren Bann zogen. Der Mathematiklehrer in mir wollte anhand der Infektionsstatistik die Gesetzmäßigkeiten des exponentiellen Wachstums bestätigt wissen.

Schon bald aber meldeten sich dazu Gedanken über die außergewöhnliche Lebenssituation, über die von der Politik getroffenen Maßnahmen und die Reaktionen der Gesellschaft darauf.

Sie tummelten sich in meinen Gehirnwindungen und verlangten ungefragt, von mir lyrisch verarbeitet und schriftlich festgehalten zu werden.

Eine Gegenwehr versuchte ich erst gar nicht – fehlte mir dazu doch angesichts meines physischen und schöpferischen Stand-by-Zustandes ein schlagkräftiges Argument.

So verbrachte ich ein halbes Jahr in einem eigenartigen und bis dahin noch nicht erlebten Spannungsfeld: Einerseits fixiert und fokussiert auf das Coronageschehen und andrerseits fast paralysiert – was meine sonstigen Interessen und Aktivitäten anbelangt.

Letzteres betraf vor allem mein für dieses Jahr geplantes Buchprojekt – einen Kriminalroman nach einer wahren Geschichte. Mehr als einen Essay über die Recherche dazu (siehe Seite 97) habe ich nicht zustande gebracht.

Deutlich besser war es um eine neue Kurzgeschichte mit dem Titel „Wer bist du?" (siehe Seite 39) bestellt. Ich konnte mit dem Beitrag, der vom entbehrungs- reichen Leben einer Frau erzählt, noch rechtzeitig an dem Literaturwettbewerb *Floriana 2020* zum Thema „Luxus" teilnehmen – allerdings schließlich ohne den Luxus, den Rang eines Preisträgers ergattert zu haben.

Damit dreht sich in diesem Buch zwar vieles – aber nicht alles – um Corona.

März

Freitag, der Dreizehnte! Ich bin zwar alles andere als abergläubisch – aber dieser Tag hat es in sich.

Mein Freizeitsport mit ehemaligen Kollegen findet zum letzten Mal statt. Nach dem Wochenende tritt – wie nahezu bundesweit – auch in Rheinland-Pfalz die Schließung aller Schulen in Kraft. Und dies knapp einen Monat vor den Osterferien.

Damit liegt das gemeinsame Badmintonspiel in der Turnhalle unseres Gymnasiums erst einmal auf Eis. Auch das anschließende gemütliche Beisammensein im Restaurant rückt in unabsehbare Ferne.

Am Samstag erreicht mich die Email eines Sportfreundes, der in den Nachrichten von der aktuell verhängten Ausgangssperre in Spanien erfahren hat.

Ich bin mal neugierig. Wollt ihr nächste Woche wirklich auf die Kanaren fliegen?

Die Antwort auf seine Frage erledigt sich noch am gleichen Tag von selbst: TUI fly sagt den Hinflug ab und ich storniere daraufhin die gesamte Pauschalreise beim Unternehmen alltours.

Beide Gesellschaften kündigen Kostenerstattung an: TUI fly für Sitzplatzreservierung und Zusatzgepäck und alltours für Flug und Hotel.

Am folgenden Montag – dem 16. März 2020 – wird über Deutschland der Lockdown verhängt. Die getroffenen Maßnahmen, die der Leserschaft wohl noch in „bester" Erinnerung sind, legen das öffentliche Leben in weiten Teilen unseres Landes lahm.

Ab sofort beobachte ich aufmerksam die aktuellen Coronazahlen und notiere mir die Werte Deutschlands täglich: Für heute insgesamt 7277 bei 1477 Neuinfektionen.

Corona – Krise und Chance
15.03.2020

Man spricht zur Zeit von einer Krise.
Zu Recht denk ich mir, denn noch nie
hab ich erlebt – rasant wie diese –
die Wucht solch einer Pandemie.

Sie schnürt uns ein in enge Kreise,
die kleiner werden Tag um Tag.
Auf eine bislang fremde Weise
entzieht sich alles, was man mag.

Ob Kino, Sport, Kultur und Reisen,
ob Schule, Kita, Altenheim –
Coronavirus legt in Eisen
den uns vertrauten Lebenskeim.

Steckt eine Chance im Geschehen?
Ich meine ja – es dämmert mir,
dass vieles, was wir wichtig sehen,
belanglos wird im Jetzt und Hier.

Ausgangssperre

17.03.2020

Leg sie dir selbst auf – zögre nicht,

sonst kommt sie bald schon sowieso.

Es ist doch unser aller Pflicht,

zu senken jedes Risiko.

Bleib in der Haltung vorbildhaft,

dass sie sich nicht verzerre

zur rücksichtslosen Täterschaft:

Bekenne dich zur Ausgangssperre!

PS: Überall, wo ich gestern und heute unterwegs sein musste, habe ich zu viele Leute gesehen, die zu dicht und in der Haltung von unbekümmert über nachlässig bis rücksichtslos herumgelaufen sind.

Nimm!
18.03.2020

Nimm die Gefahren dieser Stunde
in ihrem Ausmaß wirklich ernst
und folg dem Rat – in aller Munde,
dass du von Massen dich entfernst.

Nimm dir doch mal ein Buch – ein gutes –
und nutz zum Lesen deine Zeit.
So bleibst vielleicht du guten Mutes
und wahrst den Rest Gelassenheit.

Nimm – statt dich selbst – den Nächsten wichtig,
der deine Hilfe jetzt grad braucht.
Ein jedes Tun erweist sich richtig,
wenn 's nicht im Ego untertaucht.

Nimm dich ein Stück zurück und achte
die Regeln, die der Staat dir gibt.
Wenn jeder in der Krise machte
nur was er will, wird 's Ziel versiebt.

Was die Mathematik uns in der Coronakrise sagen will

19.03.2020

Viele Leute nehmen aktuell den Begriff **exponentielles Wachstum** in den Mund, ohne (vielleicht) das zugehörige mathematisches Modell näher zu kennen. Ja, es ist „nur" ein Modell, das – und dies auch nur für eine bestimmte Anfangszeitspanne – die Ausbreitung des Coranavirus beschreibt. Dass früher oder später das sogenannte „logistische Wachstum" vorliegt, soll nur der Vollständigkeit erwähnt werden.

Ich beobachte seit 4 Tagen genau die Fallzahlen, wobei ich immer die gleiche Quelle zur gleichen Uhrzeit verwende, weil die Angaben der maßgeblichen Institutionen aus verschiedenen Gründen variieren.

Dabei nimmt in Deutschland die Anzahl der Infizierten täglich um ungefähr 30% zu, was einem sogenannten **Wachstumsfaktor** von 1,3 entspricht.
Nach **t Tagen** gilt dann für die **neue Anzahl y** bei einer **Ausgangszahl y_0**:
$$y = y_0 \cdot 1{,}3^t$$
(weil t im Exponenten steht, spricht man eben vom exponentiellen Wachstum).

Interessant ist dabei eine Kenngröße, die **Verdopplungszeit t_D,** in der sich die Zahl der Infizierten verdoppelt. Sie beträgt aktuell 2,65 Tage – und das ist ein verdammt kleiner Wert.
Nach 26,5 Tagen (knapp 4 Wochen ab heute – also am 14. April) würde sich die Anzahl der Corona-

Erkrankten zehnmal verdoppelt, d.h. mit 2^{10} = 1024 ungefähr vertausendfacht (!) haben.

Aber genau das muss verhindert werden: **Man senkt den Wachstumsfaktor, indem alle Kontakte bestmöglich eingeschränkt werden.** Die Regel „1,5 – 2 m Abstand" ist dann für die wirklich unvermeidbaren Kontakte einzuhalten.

Könnte ab sofort die tägliche Zunahme auf 15% gesenkt werden (Wachstumsfaktor 1,15), würde sich die Infiziertenzahl am 14. April „nur" vervierzigfacht haben, wovon ca. ein Siebtel schon genesen wäre. Bei 2% schwerwiegender Fälle hätten dann z.B. die Krankenhäuser in ganz Deutschland ca. 10000 Patienten zu versorgen. Das wäre noch zu stemmen und muss daher mindestens erreicht werden.

Die Anzahl der Krankenhausplätze, die bei unverändertem Wachstumsfaktor notwendig wären, habe ich zwar berechnet – aber ich mag sie nicht nennen. Nur eines: Sie ist viel zu groß!

Noch immer
20.03.2020

Noch immer hat sie nicht ein jeder

kapiert – der ernsten Lage Schwere .

Man zieht noch tüchtig übers Leder,

ob alles Hysterie nur wäre:

Heut hustet an der Ladenkasse

der Typ vor mir mich offen an.

Mein Wunsch, dass er dies unterlasse,

entlockt ihm nur: „Du kannst mich mal!"

PS: Beim Bezahlen hat er sich dann über den Finger
    geleckt, um aus dem Geldscheinbündel in seiner
    Hand den passenden Schein zu fischen und
    diesen dem jungen unschuldigen Kassierer unter
    die Nase zu halten.

Etwas Mathematiknachhilfe
für Herrn Herrmann
Am 21.03.2020 in Facebook gepostet

„Wir hoffen, dass wir in den nächsten 14 Tagen erleben können, dass die Zahl der Neuinfektionen zurückgeht ...“

Das sind am 21. März die Worte des bayrischen Innenministers Herrmann.

Dies wäre zwar schön, geht aber „etwas“ an den Gesetzmäßigkeiten des exponentiellen Wachstums vorbei. Die tägliche Zunahme hängt ja **multiplikativ** von der aktuellen und stetig wachsenden Zahl der Infizierten ab.

Ich hoffe „nur“, dass der tägliche Wachstums-**faktor**, mit dem die Anzahl der Infizierten zunimmt, kleiner wird. Bisher hat er ca. 1,3 betragen. Heute schon mal 1,24 und morgen hoffentlich noch weniger!

Wären wir nach 14 Tagen bei 1,04, dann betrüge die Verdopplungszeit ungefähr zweieinhalb Wochen – ein Zeitraum, in dem die Hälfte schon wieder gesund sein könnte und damit die Anzahl der vom Gesundheitssystem zu Versorgenden gleich bliebe.

Also bleibt zu Hause!

Gespräch auf grüner Wiese
26.03.2020

Ein Reiher ruht auf grüner Wiese
und spricht mich recht verwundert an:
„Wie kannst du dich in dieser Krise
hier blicken lassen? Mannomann!
Kein Mensch ist heute mir begegnet –
so bleib auch du in deinem Haus!"

Den Reiher auf der grünen Wiese
schau ich mit einem Lächeln an:
„Wem Gott den Weg mit Sonne segnet,
der darf mit An- und Abstand raus."

Ich halte durch
31.03.2020

Auch wenn ich schon gebrechlich bin
und Zipperlein den Tag regieren,
so kommt es mir nicht in den Sinn,
gerade jetzt zu resignieren.

Nach der Devise "Nun erst recht!"
tank Sonne ich und sammle Kräfte.
So geht es mir nicht länger schlecht –
im Gegenteil: Es steigen Säfte

durch meinen alten Stamm empor.
Zwar haben Stürme ihn gebrochen –
doch bring ich Blüten noch hervor.
Und dies auch nächstes Jahr – versprochen!

April

Am 1. April hat sich in Deutschland die Zahl der mit dem Coronavirus infizierten Menschen explosiv – weil eben exponentiell – auf 76815 erhöht. Und das ist kein Aprilscherz.

Unser Kühlschrank gibt seinen Geist auf und wird wegen geschlossener Elektromärkte durch einen Nachfolger aus einem Onlineshop ersetzt.

Dabei kann der Neue an Ostern nicht wirklich brillieren: Vorräte für die Feiertage müssen nicht in ihm verstaut werden, weil mangels Besuches der erwachsenen Kinder ein gemeinsames Festtagsessen sinnbildlich unter den Tisch fällt.

Die Fluggesellschaft des ausgefallenen Urlaubs zickt. Auf eine Email an TUI fly erhalte ich weder eine Antwort noch eine Eingangsbestätigung, während alltours den vollen Betrag für die stornierte Pauschalreise auf mein Konto überweist.

Das Geld kommt gerade recht, weil wir wegen der Schließung unserer Fitnessstudios einen Fahrradergometer bestellt haben – natürlich wieder online.

Er sorgt dafür, dass im Wechsel mit den ausgedehnten Spaziergängen auf den Wegen durch die fast menschenleeren Felder und Wiesen der Umgebung unser Sportprogramm einigermaßen gerettet wird.

Das andauernde sonnige Wetter erweist sich dabei als willkommener – aber auch dringend notwendiger – Stimmungsaufheller.

Mein ungetrübtes Interesse an den aktuellen Infektionszahlen lässt mich allabendlich meine persönliche Coronatabelle weiterführen und das Ergebnis dann in Facebook posten.

Die Resonanz darauf ist zwiegespalten. Die Mehrheit begrüßt zwar den Informationsgehalt meiner Beiträge. Aber es gibt auch immer wieder weniger freundliche Kommentare, die von *Wie langweilig!* bis zu *Pure Panikmache!* reichen.

 Hans-Werner Lücker
26. April · ⊙ •••

Die Herren Lindner und Laschet haben eben bei "Anne Will" in mir heftige Kopfschmerzen verursacht. 😊

	Fr 20.3.	Sa 21.3.	So 22.3.	Mo 23.3.	Di 24.3.	Mi 25.3.	Do 26.3.
BRD	1,20/3.8d	1,24/3,2d	1,13/5,7d	1,13/5,7d	1,12/6,1d	1,123/6d	1,16/4,7d

	Fr 27.3.	Sa 28.3.	So 29.3.	Mo 30.3.	Di 31.3.	Mi 1.4.	Do 2.4.
BRD	1,12/6,1d	1,115/6,4d	1,105/6,9d	1,077/9,4d	1,077/9,4d	1,095/7,6d	1,062/11,5d

	Fr 3.4.	Sa 4.4.	So 5.4.	Mo 6.4.	Di 7.4.	Mi 8.4.	Do 9.4.
BRD	1,051/13,9d	-	1,05/14,2d	1,038/18,5d	1,048/14.8d	1,035/20d	1,039/18,1d

	Fr 10.4.	Sa 11.4.	So 12.4.	Mo 13.4.	Di 14.4.	Mi 15.4.	Do 16.4.
BRD	1,0509/14d	1,029/24,2d	1,024/29,2d	1,017/41d	1,021/33,3d	1,016/43.5d	1,022/32d

	Fr 17.4.	Sa 18.4.	So 19.4.	Mo 20.4	Di 21.4.	Mi 22.4.	Do 23.4.
BRD	1,021/33,4d	1,028/25,1d	1,014/50d	1,013/53,7d	1,012/58,1d	1,007/99d	1,014/50d

	Fr 24.4.	Sa 25.4.	So 26.4.	Mo 27.4.	Di 28.4.	Mi 29.4.	Do 30.4
BRD	1,016/43,7d	1,012/58,1d	1,01/69,7d				

Die Angaben bedeuten: *täglicher* **Wachstumsfaktor** / *aktuelle* **Verdopplungszeit** in Tagen(d).
z.B. 1,20 / 3,8 d.
Die Infiziertenzahl erhöht sich um 20% und verdoppelt sich in 3,8 d.
Zahlengrundlage: tägliche Meldung von t-online um die Nachmittagszeit – ab 5.4. Johns-Hopkins-Universität um 17.00

 4   4 Kommentare 4 Mal geteilt

Was Corona uns lehren will
06.04.2020

Die Krisenzeit macht uns bewusst
in welchem Luxus wir doch leben!
Dass wir zum Stillen unsrer Lust
fast zwanghaft mit „Du musst – du musst!"
ein Mehr statt das Genug erstreben.

Alles eine Frage der Hygiene?
12.04.2020

Hygiene – jeder streng bei sich –
zu pflegen, fordert diese Zeit.
Die Frage stellt sich nun für mich:
Ist 's mit sozialer – unterm Strich –
inzwischen auch bereits so weit?

Die Natur spricht
17.04.2020

Ihr fällt ohn' Skrupel jeden Baum,
verschmutzt die Meere, heizt ihr Wasser
und löscht der Tierwelt Lebensraum –
das macht nun Folgen umso krasser.

Die Fledermaus kam in Gesellschaft
der Märkte Asiens großer Städte.
So sprang ein Virus voller Kraft
dorthin, wo man ihn nicht gern hätte.

„Was hat denn die Natur gemacht?",
so fragen heut sich viele hier.

„Ich sag euch, ihr habt nicht bedacht:
Die Menschheit ist ein Teil von mir!"

Mai

Am 1. Mai werden für Deutschland 163331 Infektionsfälle gemeldet. Eine Zahl, die bei „nur" 1068 Fällen am zurückliegenden Tag Entspannung in der Coronalage andeutet und auch gleich den Wunsch nach Lockerungen lautwerden lässt.

Eine weitere Email an TUI fly, mir endlich die 84 € für Zusatzgepäck und Sitzplatzreservierung zu erstatten, bleibt wieder unbeantwortet.

Aus der Presse ist zu entnehmen, dass die Fluggesellschaften nur sehr zögerlich die Rückzahlungen auf den Weg bringen. Soll das etwa ein Trost sein?

Man mag vielleicht denken, dass dieser relativ geringe Betrag gar nicht meine Beharrlichkeit verdient. Aber mir geht es hier um das Prinzip und – vor allem – um Anstand.

Das Wetter verwöhnt uns weiterhin mit Dauersonnenschein und lässt uns mit den täglichen Outdoor-Runden in der Umgebung die Einschränkungen durch die Coronamaßnahmen einigermaßen locker wegstecken.

Auch der auf den Samstag vorgezogene Muttertag findet im Freien statt – sozusagen im Softmodus: Ohne Umarmung seitens der erwachsenen Kinder, die zu Besuch kommen und auf der Sonnenterrasse mit Abstand ihre Mutter würdigen.

Die Begegnung ist für beide Seiten nach zu langer Zeit eine ebenso schöne wie emotionale – wenn auch etwas bizarre – Angelegenheit.

Was Einstein uns wohl sagen würde?

*Wir liefern euch nur jene Fakten,
die uns die Wissenschaft diktiert.
Bemüht um Wege - die exakten -
wird gute Forschung praktiziert.*

*Nach welches Dirigenten Takten
ihr dann das Leben zelebriert
obliegt nicht unsren Forschungsakten -
vielmehr dem Staat, der euch regiert.*

*Um das, was dieser muss entscheiden,
ist wirklich er nicht zu beneiden.*

Ein lockeres Wortspiel zum Lockruf nach mehr Lockerungen
04.05.2020

Für Absichten – zielend auf Freiraum im Leben,

um Freizügigkeit volle Achtung zu zollen,

muss freilich es viel mehr an Abstrichen geben

bei allen, die frei dann herumlaufen wollen.

Ich schau dir in die Augen
07.05.2020

„Coronakrise" heißt das Wort der Stunde,
des Monats, eines ganzen Jahres gar.
Wir tragen einen Schutz vor Nas' und Munde –
begegnen uns bisweilen sonderbar.

War 's etwa doch ein Lächeln jener Dame,
die kritisch checkte meine Parkgebühr?
Wie war denn gleich noch mal des Mannes Name,
der 's Heil versprach mir an der Wohnungstür?

Wie kann dem Maskenträger man vertrauen,
wenn klarer Ton und Mimik wird vermisst?
Ich werde tief ihm in die Augen schauen,
damit ich weiß, wes Geistes Kind er ist.

Mein Warum
10.05.2020

Tu ich mich etwa wichtig nur,

wenn täglich hier an dieser Stelle

ich kurz nach dreiundzwanzig Uhr

mich melde mit der Fall-Tabelle?

Es ist die Sorge, die mich treibt,

um unser aller Wohlergehen.

Dabei mir nur die Hoffnung bleibt,

dass möglichst viele dies verstehen.

PS: Da ich weiterhin allabendlich in Facebook meine
persönliche Coronatabelle poste, ist es an der
Zeit, dass ich meine Motivation dort auch einmal
lyrisch darlege.

Kapiert?
12.05.2020

Sie haben sich schon installiert –
die Massen der Verschwörungswanzen.
Erst wurd' gelauscht, gefälscht, kopiert –
dann ließen sie die Puppen tanzen
und jetzt? Nun zücken sie die Lanzen.

Wer die Bedrohung ignoriert
und keine Skepsis schenkt dem Ganzen,
der hat die Folgen nicht kapiert:
Extreme nutzen ihre Chancen,
im Volk zu säen Diskrepanzen.

Ver(k)ehrter Herr Ramelow

25.05.2020

Maskenpflicht und Abstandsregel

sind doch Instrumente – Mann!,

dass ein Dunkelzifferflegel

mit dem aufgelegten Bann

uns kaum infizieren kann.

Sicher existier'n noch Kranke –

zählt ein Kreis auch keinen Fall.

Öffnest du dort jetzt die Schranke,

und lädst ein zum Lock'rungsball,

dann riskierst du voll den Knall.

Bleibst du nun bei deinen Plänen

oder ruderst doch zurück?

Muss man es als Zufall wähnen,

ob man Pech hat oder Glück?

Knallt 's, war 's DEIN Theaterstück!

PS: Ein hypothetischer Brief an Thüringens Minister-präsident Bodo Ramelow nach dessen angekündigtem Abweichen von der gesamtdeutschen Linie.

Juni

Für den 1. Juni meldet die Johns Hopkins Universität nur 184 Neuinfektionen in Deutschland. Bei nun insgesamt 183594 Coronafällen hat sich die Lage deutlich entspannt.

Auch mein Fitnessstudio hat – unter auferlegten Hygiene- und Abstandsregeln – den Betrieb wieder aufgenommen.

Ich warte noch eine Woche mit dem Training und kaufe mir im Baumarkt Handschuhe. Sie sind eigentlich für Mechatroniker gedacht und beeinträchtigen dementsprechend nicht die Feinmotorik der Finger – gerade richtig für den Umgang mit den Sportgeräten.

Meinen Starttermin muss ich dann schließlich online buchen, weil in den angebotenen Zeitfenstern maximal zehn Personen gleichzeitig trainieren dürfen.

Ich bin etwas aufgeregt, als ich nach fast dreimonatiger Pause mit Mund-Nasen-Schutz die Räumlichkeiten betrete. Doch schon bald fühle ich mich hier wohl, denn alles ist bestens organisiert: Desinfektionsmittel, Papier- und Mikrofasertücher stehen bzw. liegen überall bereit und die wenigen Trainierenden halten sich vorbildlich an die geltenden Abstands- und Maskenregeln.

Die anhaltend schöne Wetterlage lädt uns zum Frühstück im Garten unter dem neu erstandenen Sonnensegel ein. So fühlt sich das Leben – trotz Corona – richtig gut an.

Nur TUI fly zickt noch immer mit der längst über-
fälligen Erstattung der Flugzusatzkosten. Mein neuer
Anruf landet bei einer Bandansage, die mir irgen-
detwas von „hohem Telefonaufkommen" erzählt und
das Kontaktformular der Homepage als sicheres
Kommunikationsmedium empfiehlt.

Also kopiere ich den Text meiner letzten Email in
das entsprechende Formularfeld, füge eine erneute
Zahlungsaufforderung hinzu und schicke das Ganze
ab. TUI fly reagiert mit einer automatisierten Ein-
gangsbestätigung – mehr erhalte ich nicht.

Leider fällt das gemeinsame Badmintonspiel mit den
ehemaligen Kollegen immer noch aus.

Zwar dürften wir theoretisch in die Schulturn-
halle, doch mit geschlossenen Umkleideräumen und
Duschen sind die äußeren Umstände nicht gerade
einladend.

Wir müssten nicht nur in kompletter Sportklei-
dung erscheinen, sondern auch nach dem Spielen
erst einmal alle nach Hause fahren, um uns frisch zu
machen.

Damit bliebe wegen des Aufwandes an Fahr-
strecken und –zeiten das traditionelle gemeinsame
Essen in einem der mittlerweile wieder geöffneten
Restaurants auf der Strecke.

Aber ohne die Aussicht auf einen geselligen Aus-
klang des Abends macht auch der Sport vorher ein-
fach keinen rechten Spaß.

So verschieben wir das „Freitagsgesamtpaket" auf
bessere Zeiten und treffen uns – quasi als Ersatz –
am Monatsende zum Imbiss im Gartenpavillon eines

der Sportkameraden: Nach drei Monaten sozialer Abstinenz haben wir uns viel zu erzählen.

Was meine Schreibmotivation anbetrifft – so kreist sie noch immer um das mich täglich beschäftigende Coronageschehen. Dabei will ich doch bis zum Monatsende meine Kurzgeschichte für einen Literaturwettbewerb zum Thema „Luxus" fertigstellen.

Deshalb diszipliniere ich mich selbst und gehe die letzte Juniwoche in Gedankenklausur, was sich als wohltuende Ablenkung von Infektionsstatistiken & Co. erweist.

Das Ergebnis – die Geschichte „Wer bist du?" – ist am Ende dieses Kapitels abgedruckt.

Erinnerungen an den Mai 2020

Wonnewochen

12.06.2020

Natur trotzt den Coronawochen,
und färbt beschwingt mein Seelenkleid,
dass selbst die schon recht alten Knochen
missachten ihr vertrautes Leid.

Der Kopf ist frei, das Herz schlägt willig
und Lungen saugen Liebesluft.
Auch Amselfrau ist's recht und billig,
wenn keck der Gatte nach ihr ruft.

Die Hummeln lassen sich verlocken
vom Mohn im roten Seidentuch.
Im Apfelbaum die Bienen hocken
und lesen aus dem Blütenbuch.

Ich alter Mann mach mir zur Tugend
des Wonnemonats Freud' – und doch
weiß ich um längst vergangne Jugend:
Wie oft erleb' den Mai ich noch?

Ohne Ab- und Anstand nach Mallorca
05.06.2020

Ach – es konnte mich nur schocken!

Aus dem Flieger dieses Bild:

Dicht an dicht die Menschen hocken

so, als ob kein Abstand gilt.

Interviewt – sie noch frohlocken:

„Endlich wieder Urlaubsspaß!"

Ob sie da sich nicht verzocken,

wenn nur 's Ego ist ihr Maß?

Wie erklärt man das den Kindern,

die im Klassenraum sich müh'n,

jede Nähe zu verhindern

mit der Großen Disziplin?

Ach – wie macht es mich betroffen!

Unvernunft dank Reiselust.

Bei den Folgen ist zu hoffen,

dass nur „Tätern" bleibt der Frust.

PS: Im Airbus A320 sitzen ca. 24(!) Personen auf einer Fläche von 10 m², für die in Geschäftsräumen zur Zeit EINE Person erlaubt ist.

Hier und dort
21.06.2020

Hier schau'n sie nur auf eigne Zahlen
und schlagen stolz sich auf die Brust,
wenn sie mit scheinbar guten prahlen
– im Wissen, dass die nächsten Wahlen
entscheiden über Lust und Frust.

Dort aber in den armen Ländern,
wo Massen leiden – hart regiert
von höchst korrupten Rechteschändern,
kann nichts zum Guten sich verändern,
weil 's Virus ungehemmt krassiert.

Es läuten die Glocken
28.06.2020

Es läuten die Glocken in unserer Stadt –
am Seil ziehen eifrig und heftig die Leute,
von denen ein jedermann denkt, dass er hat
zu sagen gar unglaublich Wichtiges heute.

Damit 's alle wissen, hat man unentwegt
tagtäglich bedient sich der örtlichen Presse
und dass man auch wirklich Beachtung erregt,
sich ablichten lassen mit wichtiger ... Miene.

Der Hahn auf dem Kirchturm dreht flink sich im Wind
und späht bis zuletzt in verborgene Ecken,
um flugs noch in Räten, die unsicher sind,
mit Krächzen den ihm eignen Unmut zu wecken.

Es schweigen die Glocken – die Stadt ist verstimmt,
denn über ihr liegen gar düstere Wolken.
– Ich hoffe, dass jeder im Rat übernimmt
Verantwortung für des Ergebnisses Folgen.

PS: Im Vorfeld der Sitzung des Neuwieder Stadtrats am 2. Juli 2020, bei der die Abwahl von Bürgermeister Mang auf der Tagesordnung steht, herrscht ein emsiges Treiben unter den Strippenziehern jeglicher parteipolitischer Couleur.

„Wer bist du?"

Es ist ein Samstagvormittag im Mai, als Dieter Lauer die Wohnungstür in der ersten Etage des alten Mietshauses aufschließt. Er hängt seine braune Wildlederjacke an die ihm noch aus der Jugendzeit vertraute Garderobe und tritt in die Küche.

Die Frau am Fenster bemerkt ihren erwachsenen Sohn nicht. Ilse Lauer sitzt an ihrem Lieblingsplatz – dem kleinen Tisch, von dem aus sie einen freien Blick auf die Wäschewiese der Hausgemeinschaft hat.

An einem eigenen Garten hast du dich in deinem entbehrungsreichen Leben nie erfreuen dürfen, denkt sich Dieter und legt liebevoll seine Hand auf die Schulter der 86-Jährigen.

„Wer bist du?" Ilse wendet ihren Blick von den Tannen hinter der Grundstücksmauer und schaut den Besucher mit großen Augen an. „Bist du mein Mann?"

„Aber nein, Mama. Ich bin Dieter – dein Sohn – und putze heute deine Wohnung."

„So,so." Ein entrücktes Lächeln umspielt den Mund der alten Frau, bevor sie den Kopf wieder zum Fenster dreht. „Schau dir diese schönen Bäume an!"

Gedankenversunken schlürft sie an ihrer Kaffeetasse und schenkt ihrem Sohn keine weitere Beachtung.

Dieter greift zum Staubsauger, der im Besenschrank auf den Einsatz wartet und begibt sich in das angrenzende Wohnzimmer.

Sein älterer Bruder Karl hat vor einem Jahr einen

Dienstplan erstellt, nach dem die beiden zusammen mit der erstgeborenen Schwester Birgit die pflegebedürftige Mutter täglich versorgen und am Wochenende die Wohnung auf Vordermann bringen.

Dazu leben die beiden anderen Geschwister Frieder und Ingrid zu weit entfernt in anderen Städten.

Wie hat sie damals das alles alleine geschafft?, fragt sich Dieter, als sein Blick während des Staubsaugens auf das vergilbte Bild an der Wand über der Couch fällt.

Das etwa fünfzig Jahre alte Foto aus der Kinderzeit zeigt ihn mit seinen vier Geschwistern – allesamt in Sonntagskleidung – vor der Haustür eines wohlhabenden Textilfabrikanten.

Dieser hatte den erworbenen Gebäudeteil einer ehemaligen Kaserne zu einem stattlichen Wohn- und Betriebskomplex ausgebaut.

Ilse Lauer bewohnte damals mit ihren Kindern einen der weniger schönen Flachbauten der aus der Zeit des zweiten Weltkrieges stammenden Anlage.

Die städtische Siedlungsgesellschaft hatte darin notdürftig Sozialwohnungen für die Ärmsten der Gesellschaft abgeteilt. Dabei hatten die ehemaligen Soldatenstuben Verbindungstüren erhalten, während ihre alten Eingänge längs des langgezogenen Flurs bis auf eine jeweilige Wohnungstür einfach zugemauert worden waren.

Keine der Wohneinheiten verfügte über ein eigenes WC. Am Kopfende des Baues lag die unverändert gebliebene Gemeinschaftstoilette. Die oben und unten offenen und nur durch dünne Holzwände voneinander getrennten Kabinen waren den einzelnen Familien fest zugeordnet.

Wie unwohl fühlte sich dort der kleine Dieter immer, wenn neben ihm der alkoholisierte Alte aus der Wohnung am Haupteingang stöhnend sein übelriechendes Geschäft verrichtete.

Gerne hätte Ilse Lauer ihrer Familie eine andere Umgebung geboten. Aber eine bessere Unterkunft konnte sie sich nicht leisten. Sie war mit ihren fünf Kindern auf sich alleine gestellt, nachdem sie mutig den Schlussstrich unter die Ehe mit ihrem in jeder Hinsicht unzuverlässigen Mann gezogen hatte.

Die Sozialhilfe, mit der sie sich und den Nachwuchs durchbringen musste, weil die Unterhaltszahlungen des Exgatten ausblieben, reichte gerade mal für das Allernötigste. Immer wenn das Monatsende nahte, gruben sich tiefe Sorgenfalten in die Stirn der Vierzigjährigen.

Hin und wieder steckten ihr die Eltern, die selbst nur über eine bescheidene Rente verfügten, einen Geldschein zu.

„Kauf dir davon ein neues Kleid!", flüsterte ihr die Mutter einmal ins Ohr. „Papa muss davon nichts erfahren." Ilse lächelte beschämt, hatte ihr der Vater doch kurz zuvor fünfzig Mark in die Hand gedrückt und gemeint: „Kauf einmal etwas für dich!"

Sie nahm dankbar beider Geld an, ohne es allerdings für sich selbst zu verwenden. Warum sollte sie sich ein Kleid kaufen? Ihr genügte die Auswahl an Kittelschürzen, die sie bei der Hausarbeit trug.

Darin schuftete sie vom frühen Morgen bis tief in die Nacht unermüdlich dafür, dass ihre Kinder satt wurden und einigermaßen behütet aufwachsen konnten.

Ilse beklagte sich nie, obwohl sie oft genug allen Grund dazu gehabt hätte, wie etwa, als es hieß, dass die ehemalige Kasernenanlage abgerissen wird, um Platz für ein Neubaugebiet zu machen.

Famile Lauer musste umziehen in eine für sechs Personen viel zu kleine Sozialwohnung in einem zwar neuen – aber offensichtlich für das untere Drittel der Gesellschaft konzipierten – Mietshaus.

Ilse war verzweifelt ob des Krachs und Drecks der Durchgangsstraße, an der sie mit den Kindern gelandet war. Sie weinte während der Schlüsselübergabe still vor sich hin, als der Hausverwalter alle Anwesenden distanzlos duzte und hausordnungsmäßig einschüchterte.

Die folgende weiterhin entbehrungsreiche Zeit sollte sie für ihr gesamtes Leben prägen.

Einzig ihr Sohn Dieter war damals froh über die neue Wohnlage, befand sich doch der Häuserblock schräg gegenüber dem Gymnasium, das er seit einem Jahr besuchte.

Dieter ist mit der Arbeit im Wohnzimmer fertig. Nur die Blumen müssen noch gegossen werden. Als er mit der alten kupfernen Gießkanne in die Küche tritt, um Wasser an der Spüle zu holen, dreht sich die Mutter an ihrem Fensterplatz zu ihm. „Wer bist du?"

Der Gefragte lächelt. „Dein Sohn will nur deine schönen Blumen gießen." Ilse nickt und deutet mit der Hand auf das Küchenfenster vor ihr. „Guck dir doch mal die herrlichen Tannen da draußen an!"

Dieter stellt die Gießkanne auf den großen Esstisch ab, geht zur Mutter und legt den Arm auf ihre Schulter. „Ja – der Regen in den letzten Tagen hat den Bäumen gutgetan. Auch du, Mama, musst viel trinken."

Er weiß, warum er dies mal wieder anmahnen muss. Der Kasten Mineralwasser, den sein Bruder Karl vor einer Woche besorgt und direkt neben das Fenster platziert hat, enthält nur zwei leere Flaschen.

Dieter holt vier Gläser aus dem Hängeschrank, füllt sie allesamt bis zum Rand und stellt sie in Reih und Glied vor Ilse auf die Fensterbank. „Bitte bis heute Abend trinken!"

Die alte Frau schaut ihn mit großen Augen an. „Fang ruhig schon einmal damit an!", insistiert Dieter.

Ilse greift unwillig zum ersten Glas und nippt daran. „Ich bin doch keine Kuh!" Wie ein kleines, störrisches Kind schüttelt sie den Kopf und schiebt angewidert das volle Glas von sich weg.

Seufzend begibt sich Dieter mit der Gießkanne wieder ins Wohnzimmer zur breiten Fensterbank voller Blumentöpfe. Links und rechts hängen an der Wand die Porträtfotos von seinen Geschwistern und ihm aus der Zeit, als alle schon ihre eigenen Wege gingen.

Ilse Lauer war mächtig stolz auf ihre Töchter und Söhne gewesen, nachdem diese erfolgreich Ausbildung oder Studium abgeschlossen hatten und in ihren Berufen finanziell abgesichert waren.

Sie selbst aber blieb genügsam, war sie nach den aufopfernden Erziehungsjahren doch nichts anderes gewohnt. Immer noch trug sie am liebsten eine Kittelschürze und kaufte sparsam ein – ja sogar noch sparsamer als es ihr Sozialhilfesatz zuließ.

Neben dem Erfüllen der täglichen Grundbedürfnisse gönnte sie sich nichts, was man Luxus nennen konnte. Und damit war sie zufrieden.

Wenn die Kinder ihr etwas schenkten, freute sie sich zwar vordergründig, um dann aber kritisch zu bemerken, dass dies bestimmt viel zu teuer gewesen wäre.

Dabei nutzte sie alles, was sie an materiellen und finanziellen Zuwendungen erhielt, dazu, um am Monatsende von ihrem Girokonto noch einen kleinen Betrag für ein Sparbuch abzuzweigen.

Als die ersten Enkelkinder in Ilses Leben traten, wachte in ihr der Mutterinstinkt vergangener Jahre auf – stets um die für sie essentiellen Belange und Prinzipien besorgt. Aber nur um diese.

„Isst das Kind auch genug?" „Das Kind ist nicht warm genug angezogen." „Das Kind hat viel zu viele Spielsachen." „Das Kind wird verwöhnt." „Das Kind braucht doch noch kein Taschengeld!"

Solche Sätze waren an der Tagesordnung, wenn Dieter mit dem Nachwuchs zu Besuch kam. Er fühlte sich unvermittelt in die eigene Kindheit unter der damals ebenso fürsorglichen wie dominanten Mutter versetzt.

Das alles geschah zu der Zeit, als Ilse – mittlerweile sechzig Jahre alt – zum ersten Mal ihr Leben unbehelligt von familiären Verpflichtungen selbst bestimmen und gestalten konnte. Nur die aufkommenden körperlichen Beschwerden schränkten sie in ihrem Tun ein.

Sie engagierte sich in kirchlichen Kreisen und gönnte sich sogar hin und wieder einen – natürlich preiswerten – Ausflug mit einem Reisebusunternehmen.

Außerdem las sie mit Ausdauer und Begeisterung die vielen Bücher, die ihr die Kinder zu jeder irgendwie passenden Gelegenheit schenkten.

Wenn Ilse sich in Gesellschaft anderer Leute aufhielt – wie etwa während der Proben des Kirchenchores oder als Helferin am Kuchenstand beim Bürgerfest – übernahm sie gerne das Kommando. Dabei scheute sie auch keine Konfrontation – im Gegenteil.

So erwiderte sie einmal auf den Hinweis einer attraktiven Chorschwester, sie sänge zu laut: „Und du singst ständig falsch!"

Darauf zeigte sie mürrisch der Dame im eleganten taubenblauen Designerkleid die kalte Schulter und schimpfte, dass es jeder im Raum hören konnte.

„Die meint wohl, sie wäre etwas Besseres! Hat **sie** etwa fünf Kinder alleine großgezogen?"

Fühlte Ilse sich in ihrem Stolz verletzt, so konnte sie ihre ungehobelte, fast herrische Art einfach nicht ablegen. Sprach man sie darauf vorsichtig an, gab sie als Standardantwort: „Ich sage immer was ich denke!" Und dies bekam jeder zu spüren, dessen Ansichten nicht ihrer Vorstellung entsprachen.

In Ilse Lauers geregelten Tagesablauf mit Einkaufen, Kochen, Waschen und Putzen mischten sich zunehmend fällige Arztbesuche.

„Frau Lauer, ihr Blutdruck ist weiterhin viel zu hoch", stellte der Hausarzt mit besorgtem Blick fest. „Ich verschreibe Ihnen ein stärkeres Medikament. Aber sie sollten unbedingt auch etwas gegen ihr Übergewicht unternehmen – am besten eine Diät."

Ilse schluckte gehorsam die neuen Tabletten, aber ihre Ernährungsgewohnheiten änderte sie noch nicht einmal halbherzig. Dazu kochte und aß sie viel zu gerne das, was man eine einfache und preisgünstige Hausmannskost nennt.

Als dann der Orthopäde die in beiden Kniegelenken diagnostizierte Arthrose auch auf das zu hohe Körpergewicht zurückführte, reagierte Ilse empört.

„Ich habe immer nur für meine Familie geschuftet – kein Wunder, dass alle Gelenke kaputt sind! Ich bin hier, damit Sie etwas gegen die fürchterlichen Schmerzen machen."

Die ihr vom Arzt daraufhin angebotenen Spritzen, die sie aus eigener Tasche hätte bezahlen müssen, lehnte sie kategorisch ab. „Diesen Luxus kann ich mir nicht leisten."

Trotz der zunehmenden Verschlimmerung ihrer Beschwerden biss Ilse – so wie sie es ihr Leben lang getan hatte – in der Folgezeit die Zähne zusammen.

„So – jetzt ist das Schlafzimmer an der Reihe." Dieter hält kurz inne, als er die Küche durchquert. „Wer bist du denn?", schallt es ihm entgegen.

„Mama, ich bin immer noch dein Sohn!" Er meint, ein verschmitztes Lächeln im Gesicht der Mutter zu erkennen, als diese meint: „Dann hol mir doch mal ein neues Glas Marmelade aus dem Hochschrank!"

Dieter tut wie ihm geheißen. „Bitte schraube auch den Deckel ab!" Ilse hält ihm die rechte Hand entgegen. „Das kaputte Gelenk ist ein Geschenk meines Mannes."

Wie oft hat Dieter diesen Satz schon von ihr gehört! Auch jetzt schmerzt ihn wieder die Vorstellung, dass sein Vater früher gewalttätig gegenüber der Mutter gewesen sein muss. Er selbst hat sich nie daran erinnern können.

Im Schlafzimmer wird heute nur Staub gewischt und der Teppichboden gesaugt. Ilse macht immer noch ihr Bett selbst, obwohl ihr das körperlich schon sehr schwerfällt.

Beim Anblick des riesigen Kleiderschranks erinnert sich Dieter wieder einmal daran, wie er vor fünfundzwanzig Jahren die gesamte noch fast neue Schlafzimmereinrichtung aus der Wohnung der kurz nacheinander verstorbenen Großeltern hierhin verfrachtet und damit den Schlusspunkt unter eine für seine Mutter sehr belastende Zeit gesetzt hatte.

Ilse Lauers jüngster Sohn Frieder war nach seinem Abitur gerade flügge geworden, als ihre eigenen Eltern täglicher Hilfe bedurften.

Sie hatte einige Jahre zuvor in weiser Voraussicht die beiden dazu überredet, in ihre Nähe zu ziehen. Dabei waren es anfangs weniger die Herzbeschwerden des Vaters, die ihren Einsatz erforderten, als die depressiven Episoden der Mutter.

In diesen musste sie den gesamten elterlichen Haushalt regeln, bis die Erkrankte – von einem Tag auf den anderen – erklärte, sie könnte jetzt wieder alles selbst erledigen.

Doch als eine solche Phase vollständiger Lethargie nicht mehr enden wollte und Vaters Herz immer schwächer wurde, war Ilse für eine unüberschaubare Zeit täglich gefordert. Und sie tat alles mit einem Pflichtgefühl, als hätte sie zwei Kinder zu versorgen.

Mit der psychischen Krankheit der früher doch so resoluten Mutter konnte Ilse dabei nur schlecht umgehen. Sie verschliss ihre mittlerweile selbst angegriffenen Nerven damit, dass sie auf die verwirrten Äußerungen gebetsmühlenartig mit Erklärungen reagierte.

Beklagte sich zum Beispiel die Mutter, dass sie nichts anzuziehen habe, führte Ilse sie zum Kleiderschrank und präsentierte ihr Stück für Stück die gesamte Garderobe. Der Erfolg dieser Aktion war nur von kurzer Dauer. Schon einen Tag später musste sie sich wieder anhören: „Ich habe gar nichts anzuziehen!"

Die in dieser Zeit immer wieder geäußerten Ratschläge der erwachsenen Kinder, doch einmal abzuschalten und mehr an sich selbst zu denken, schlug Ilse in den Wind. „Egoismus ist ein Luxus, den ich mir mit euch auch nie geleistet habe."

So hielt Ilse Lauer jahrelang an den Entbehrungen fest, zu denen sie sich bei der Betreuung und Versorgung ihrer kranken Eltern verpflichtet fühlte.

Erst als diese innerhalb weniger Monate gestorben waren, kehrte allmählich Ruhe in ihr Leben. Da war sie mit ihren sechzig Jahren allerdings selbst schon eine ältere – wenn nicht sogar alte – abgearbeitete Frau.

Als Dieter wieder in die Küche tritt, kündigt er lautstark an: „Dein Sohn putzt jetzt Badezimmer und Treppenhaus", um der Frage nach seiner Person zuvorzukommen.

Ilse tut ihm den Gefallen und schweigt. Sie kaut auf einem Bissen Brot und wischt sich dabei mit dem Handrücken die Marmeladereste aus den Mundwinkeln.

„Mama – das Trinken nicht vergessen!" Dieters Zeigefinger deutet auf die Fensterbank mit den immer noch randvollen Gläsern Mineralwasser.

Doch die Mutter schüttelt nur den Kopf, ohne sich nach ihrem Sohn umzudrehen. „Ich habe noch Kaffee in der Tasse." Ihr Blick haftet auf den Bäumen vor dem Küchenfenster.

„Aber kein Brot mehr", führt sie ihr Selbstgespräch weiter. „Die Tannen sind einfach wunderbar!"

Komisch, denkt sich Dieter, hat doch Bruder Karl erst zwei Tage zuvor den Einkauf erledigt, zu dem gewöhnlich immer ein ganzer in Scheiben geschnittener Brotlaib gehört.

Er selbst ist für die Medikamente und Arztbesuche verantwortlich, während sich die Schwester Birgit um die Wäsche kümmert und den Friseur ersetzt.

Mit Schrubber, Putzeimer und Reinigungsmittel bewaffnet verschwindet Dieter im Badezimmer. Alles ist hier inzwischen behindertengerecht eingerichtet.

Vor allem hat sich der drehbare und auf den Badewannenrändern aufliegende Sitz bewährt. Er ermöglicht der Mutter ein Abduschen, ohne sich auf den Wannenboden setzen zu müssen, von dem sie sich nicht mehr aufrichten könnte.

Es war jener verhängnisvolle Sturz gewesen, der der Ilse Lauer die im Alter wiedergewonnene Selbstständigkeit zu nehmen drohte.

Sie wartete – wie jeden Montagmorgen – an der nahen Bushaltestelle, um in die Innenstadt zu fahren. Dort befand sich der Supermarkt, mit dessen Sonderangeboten sie regelmäßig ihren Einkaufstrolley füllte.

Den ihr wegen fortgeschrittener Gelenkbeschwerden zuerkannten Behindertenausweis hielt sie – wie gewohnt – schon in der rechten Hand bereit, als der Bus anrollte. Schließlich garantierte das Dokument ihr eine kostenlose Fahrt.

Nachdem der Fahrer angehalten und die vordere Tür geöffnet hatte, trat Ilse auf die erste Einstiegsstufe und zog mit der freien Hand den Trolley hinter ihrem Rücken hoch. Dabei verlor sie das Gleichgewicht, stürzte – immer noch den Ausweis hochhaltend – nach vorne und knallte mit dem rechten Unterarm auf die Stahlkante der obersten Treppenstufe.

„Elle und Speiche sind unmittelbar über dem Handgelenk glatt durchgebrochen." Der Arzt in der Notfallaufnahme des städtischen Krankenhauses sah die blasse Frau vor ihm bedeutungsvoll an.

Ilse bekam kein Wort über die Lippen und zitterte am ganzen Körper. „Das kriegen wir wieder hin", versuchte sie der Mann im weißen Kittel zu beruhigen.

Dann blickte er noch einmal prüfend auf das Röntgenbild. „Jedenfalls besser als den falsch zusammengewachsenen Handgelenksbruch aus früheren Zeiten!"

Jetzt schwieg Ilse erst recht. Die Erinnerung an die unliebsame Begegnung mit ihrem Exgatten wollte sie nun wirklich nicht mit ihrem Gegenüber teilen. Wie hätte sie ihm auch erklären sollen, warum sie damals keinen Arzt aufgesucht hatte?

Der bis auf die Fingerspitzen eingegipste Unterarm und die für sechs Wochen verordnete absolute Schonung veränderten Ilses Alltag schlagartig.

Unfähig mit der linken Hand für sich zu kochen, nahm sie zunächst nur widerwillig den Dienst *Essen auf Rädern* in Anspruch, den Birgit für sie organisiert hatte.

Auch stimmte es sie eher unzufrieden als dankbar, dass sie nun in Sachen Einkauf, Wäsche und Reinigen der Wohnung auf die Mithilfe der drei in der Nähe wohnenden Kinder angewiesen war. Für diese war es häufig nicht einfach, der zunehmend sich in Nörgeleien ergehenden Mutter alles recht zu machen.

Umso erstaunlicher war es, dass sich Ilse, nachdem der Gips abgenommen worden war, weiterhin das Mittagessen bringen ließ – dabei hatte sie doch immer so gerne für sich selbst gekocht.

Stattdessen studierte sie vormittags ausführlich die Tageszeitung, deren Seiten sie früher nur überflogen hatte.

Ihre Außenkontakte beschränkten sich nur noch auf die Geburtstagsfeiern im familiären Kreis. Am liebsten verbrachte sie ihre Zeit mit Lesen und Stricken auf der Liege im Wohnzimmer, auf der sie auch regelmäßig ihren ausgiebigen Mittagsschlaf hielt.

Den Fernseher schaltete sie immer seltener an. Dessen Unterhaltungspart hatte inzwischen das Radio mit vornehmlich für die ältere Generation produzierten Musiksendungen übernommen. Ilse war vor allem von den deutschen Schlagern aus den Sechzigerjahren angetan und sang sie voller Inbrunst laut mit.

„Was soll ich denn da draußen? Ich habe doch hier alles!", entgegnete sie, als Dieter während eines

Besuches einmal besorgt äußerte: „Mama – du gehst ja kaum noch vor die Tür."

Dann musste er sich den ihm wohlbekannten Vortrag über Bluthochdruck, schmerzende Kniegelenke und Sturzgefahren auf schlechten Bürgersteigen anhören.

Die Zeit verging. Ilse las, strickte, hörte Musik und war zufrieden damit. Das Frühstück und das Abendbrot machte sie sich weiterhin selbst, überließ aber die Wäsche und den Einkauf ihren Kindern. Die Wohnung hielt sie ohne Hilfe mehr schlecht als recht noch in Schuss.

Die Radien ihrer Erlebnis- und Wirkungskreise wurden in dem Maße kleiner, wie sich ihre körperlichen Defizite vergrößerten.

Als der Orthopäde einen vermeintlichen Hexenschuss als einen ausgewachsenen Beckenbruch infolge einer fortgeschrittenen Osteoporose diagnostizierte, verließ Ilse wochenlang nicht mehr die Wohnung.

Obwohl sie kurz zuvor noch frohgelaunt ihren fünfundsiebzigsten Geburtstag gefeiert hatte, wurde sie jetzt von einer depressiven Stimmung ergriffen.

Es waren in dieser Zeit Birgit, Karl und Dieter, die mit unermüdlichem Einsatz für eine gewisse Normalität im Alltag der Mutter sorgten. Die wusste die regelmäßigen Besuche, die Fahrten zum Arzt und das Beschaffen aller zum Leben notwendigen Dinge auf ihre Art zu schätzen: Sie übernahm allmählich wieder das Kommando, indem sie diktierte was alles zu erledigen war.

In den Folgejahren verschlechterte sich bei Ilse Lauer der Zustand des gesamten Bewegungsapparates. Sie schien dies nicht arg zu bekümmern und nahm willfährig die Hilfen an, die ihr zur Verfügung gestellt wurden.

Den Rollator für ihre Wege in der Wohnung, den drehbaren Badewannenstuhl und die Sitzerhöhung auf der Toilette akzeptierte sie ohne Murren.

Aber in den von Karl für die Spaziergänge besorgten Rollstuhl setzte sie sich zunächst nur widerwillig. „Wenn mich so die Nachbarn sehen!"

Dieter hat seine Arbeit im Badezimmer beendet. Er tritt mit neu gefülltem Putzeimer, Schrubber und Wischtuch ins Treppenhaus und beginnt die Stufen in Richtung Erdgeschoss zu reinigen.

Auf halber Strecke angelangt hört er, dass unten eine Wohnungstür geöffnet wird. Der Nachbar, der mehr wider- als freiwillig Dieters Mutter morgens die Tageszeitung auf die Fußmatte legt, tritt in Jogginghose und Muskelshirt in den Flur.

„Herr Lauer?", hallt seine Stimme durch das Treppenhaus. Ohne eine Antwort abzuwarten, geht er ein paar Stufen aufwärts.

„Guten Morgen", spricht er, mitleidig grinsend, den Mann mit Schrubber an. „Ich wollte Ihnen nur sagen, dass sich ihre Mutter in den vergangenen Tagen spät abends die Treppe herunter geschleppt hat, um sich – wie sie mir erklärte – die Zeitung zum Frühstück zu holen."

Seltsam, denkt sich Dieter. „Aber sie weiß doch, dass Sie ihr die Zeitung vor die Wohnungstür legen."

Der Nachbar nestelt an dem goldenen Armband, das sein braun gebranntes Handgelenk ziert.

„Das dachte ich auch." Ihm scheint die ganze Angelegenheit unangenehm und lästig zu sein. „Aber sie hat mich angeraunzt, was ich in ihrem Haus zu suchen hätte."

„Das tut mir leid." Dieter bemüht sich, freundlich zu klingen. „Meine Mutter wird von Tag zu Tag vergesslicher." Dann taucht er das Wischtuch in den Putzeimer, wringt es aus und wickelt es über den Schrubberfuß.

„Ich muss jetzt weitermachen – auf jeden Fall vielen Dank für Ihre Info!" Ohne den Nachbarn weiter zu beachten, dreht er sich um und putzt treppab die nächsten beiden Stufen.

Mit einem Murmeln, das sich wenig verständnisvoll anhört, lässt der Mann in Jogginghose seine Wohnungstür ins Schloss fallen.

Hätte ich statt ‚vergesslicher' eher ‚dementer" sagen sollen?, fragt sich Dieter, als er seine Arbeit beendet hat und wieder in die Diele der mütterlichen Wohnung tritt. Er schüttelt den Kopf. *Das hätte der ‚nette' Herr Nachbar noch weniger verstanden.*

Jedenfalls meinte er jetzt den Grund dafür zu kennen, dass Ilse der Brotvorrat ausgegangen ist: *Sie hat bestimmt mehrmals am selben Tag gefrühstückt!* Wie das Abendessen abgelaufen ist, will er sich erst gar nicht ausmalen.

Es war vor etwa fünf Jahren, als Dieter bei einem seiner damals eher noch unregelmäßigen Besuche bemerkte, dass das Verhalten der Mutter wunderliche Züge annahm.

„Aber Mama – warum liest du denn das Buch über Beethoven? Damit warst du doch schon in der vergangenen Woche fertig."

Ilse sah ihren Sohn verständnislos an. „Wieso? Ich bin doch erst ..." – sie warf einen Blick auf das Buch in ihren Händen – „auf Seite dreißig."

Dieter ließ die Angelegenheit auf sich beruhen und führte sie zur eigenen Beruhigung auf eine altersbedingte Vergesslichkeit zurück.

Auch als einige Monate später seine Schwester Birgit berichtete, dass die Mutter ihren Pool an täglich einzunehmenden Tabletten nicht mehr überblicken würde, erschien ihm dies noch wenig besorgniserregend.

„Dann kaufen wir ihr eben so eine Medikamentenbox mit der Einteilung *morgens-mittags-abends* für jeden Wochentag und das Problem hat sich erledigt.

Die Monate vergingen. Ilse Lauer machte sich immer noch Frühstück und Abendbrot selbst, während die Mittagsmahlzeit weiterhin vom Dienst *Essen auf Rädern* geliefert wurde.

In allen anderen Belangen war sie mittlerweile auf die Hilfe ihrer Kinder angewiesen, ohne dass diese sich dazu groß absprechen mussten.

Sie bemerkten zwar, dass sich die Unterhaltungen mit der Mutter zunehmend nur noch um die Vergangenheit drehten, maßen diesem Umstand aber keine besondere Bedeutung zu.

„Mama hat vergessen, die leere Kaffeemaschine auszuschalten und dadurch die Arbeitsplatte angekokelt." Dieters älterer Bruder war am Telefon. „Ich glaube, dass wir dringend etwas unternehmen müssen."

Damit wurde Karls Dienstplan geboren, der die drei Geschwister im täglichen Wechsel nach der Mutter schauen ließ. Aber das sollte nicht reichen.

Eines Nachts schreckte Dieter aus dem Schlaf auf. Das Telefon klingelte. „Wo bleibst du denn?", fragte die Stimme am anderen Ende der Leitung. „Mama – es ist mitten in der Nacht!"

Ilse blieb beharrlich. „Nein, nein – wir haben eine Sonnenfinsternis und ich warte darauf, dass du mich pünktlich zum Arzt fährst."

Dieter war plötzlich hellwach. Er ahnte, dass eine Gegenrede jetzt erfolglos bleiben würde. Deshalb warf er sich in seine Kleider und fuhr zur Wohnung der Mutter.

Da er zu dieser Uhrzeit dort nicht klingeln wollte, schloss er die Eingangstür des Miethauses mit einem der Reserveschlüssel auf, über die seine Geschwister und er mittlerweile verfügten, und eilte die Treppenstufen hoch.

Aber die Wohnungstür ließ sich nicht öffnen. Offensichtlich hatte Ilse ihren Schlüssel von innen stecken lassen.

Ein leises Klopfen wird sie nicht hören, dachte sich Dieter und zog sein Handy aus der Jackentasche. „Mama? Ich bin es – Dieter. Mach mal bitte die Tür auf!"

Es dauerte einige Zeit, bis die Mutter im Mantel und mit Handtasche und Krückstock ausgerüstet vor ihm stand.

„Du bist aber spät dran. Ich muss doch um drei Uhr beim Hausarzt sein!" Der blanke Vorwurf war ihr ins Gesicht geschrieben.

„Lass mich erst einmal reinkommen." Dieter brauchte sehr lange, um Ilse zu beruhigen. Schließlich war es die Digitalanzeige seiner Handyuhr, mit der er ihr den Unterschied zwischen drei Uhr nachts und fünfzehn Uhr nachmittags in Erinnerung rufen konnte.

Doch wirklich überzeugt schien die alte Frau nicht zu sein. „Aber eine Sonnenfinsternis haben wir trotzdem!"

Ungeachtet aller Überredungsversuche ihres Sohnes lehnte sie es ab, sich wieder zum Schlafen ins Bett zu legen.

Nach diesem Vorfall, der nach Dieters Ansicht ein sicheres Anzeichen dafür war, dass seiner Mutter der Tag-Nacht-Rhythmus verlorenging, beriet er sich erneut mit den Geschwistern.

Karl machte Nägel mit Köpfen. „Jeden Vormittag, Nachmittag und Abend muss einer von uns bei Mama bleiben und nach dem Rechten schauen."

Sein neuer, penibel ausgearbeiteter Dienstplan ermöglichte es in der Folgezeit, dass Ilse Lauer – trotz der mittlerweile diagnostizierten fortschreitenden Demenz – in der ihr vertrauten Umgebung einer eigenen Wohnung bleiben konnte.

„Bis auf die Küche bin ich nun mit dem Putzen fertig, Mama." Dieter ist an Ilses Fensterplatz getreten.

„Wer bist du?" Statt zum wiederholten Male auf ihre Frage zu antworten, legt er liebevoll die Hand auf ihren Unterarm. „Du kannst dich jetzt in der Badewanne abduschen. Ich habe schon die frische Unterwäsche auf den Heizkörper gelegt."

Wie ein folgsames Kind steht Ilse wortlos auf und schlurft mit dem neben ihr abgestellten Rollator ins Badezimmer.

„Aber komm ja nicht herein!", tönt es hinter der Tür. „Na klar, Mama!" Dieter, der vorsorglich den Schlüssel in seiner Hosentasche verstaut hat, ist Ilses schamhafter Umgang mit der Nacktheit seit seiner Kindheit vertraut.

Das Reinigen der Küche beschäftigt Dieter länger, als er bisher für alle anderen Zimmer zusammen dazu benötigt hat.

So penibel seine Mutter früher immer gewesen war, so wenig ist mit der Altersdemenz von ihrem Sinn für Ordnung und Sauberkeit übrig geblieben.

Er muss zunächst das überall abgestellte schmutzige Geschirr und Besteck zusammensuchen und spülen. Bevor er sich endlich dem Fußboden widmen kann, sind noch auf allen Schrank- und Tischflächen die von den Mahlzeiten hinterlassenen Spuren zu beseitigen.

Ja – Marmelade und Leberwurst hat Mama auch früher am liebsten auf dem Butterbrot gemocht, denkt sich Dieter und kratzt mit den Fingernägeln die eingetrockneten Reste ab, die sich dem feuchten Wischlappen widersetzen.

Das anschließende Fegen des Fliesenbodens füllt die Kehrschaufel mit einer fast kompletten – aber sicher nicht mehr genießbaren – Mahlzeit.

Während er an der Spüle Wasser in den Putzeimer laufen lässt, stellt Dieter das Radio an. Er lauscht noch dem Ende des Wetterberichtes, bevor er zu den darauf folgenden Hits aus den Neunzigerjahren beschwingt den Schrubber über den Küchenboden tanzen lässt.

Was ist denn das? In Bon Jovis Song ‚These days‘ mischt sich eine Stimme, die dort nicht hingehört. Und sie kommt auch nicht aus dem Radio.

Mama!, fällt es Dieter siedend heiß ein und eilt in die Diele. *Sie müsste mit dem Duschen doch längst fertig sein!*

„Ein Schiff wird kommen", schallt es hinter der Badezimmertür. „Mama?" Keine Antwort. „Und meinen Traum erfüllen", klingt es weiter – begleitet von einem Plätschern, das sich so gar nicht nach einer Brause anhört.

Sie wird doch nicht etwa? Dieter öffnet die Tür einen Spalt und sieht die schlimmste seiner Befürchtungen bestätigt: Seine Mutter nimmt tatsächlich ein Vollbad und freut sich darüber wie ein kleines Kind.

„Ich bin ein Mädchen aus Piräus ..." Ilses fröhliche Stimme stockt, als Dieter seinen Kopf ins Badezimmer steckt. Mit über den Brüsten verschränkten Armen versucht sie ihre Nacktheit zu verbergen.

„Was willst du hier?" Sie blickt empört zu dem Eindringling auf. „Und wer bist du überhaupt?"

„Aber Mama." Der Verzweiflung nahe tritt Dieter in den Raum und stolpert fast über den auf dem

Boden liegenden Badewannensitz. „Ich bin weiterhin dein Sohn, der heute eigentlich nur deine Wohnung putzen wollte."

Die Mutter schaut ihn verständnislos und mürrisch zugleich an, als wolle sie damit fragen: *Und wo liegt das Problem?*

Dieter zögert einen Moment, bevor er sich für eine Notlüge entscheidet. „Und jetzt freue ich mich dazu noch, dass du dir den Luxus eines Vollbades gönnst."

Ilse nickt mit einem entrückten Lächeln und singt weiter: „Und meine Sehnsucht stillen, die Sehnsucht mancher Nacht."

Dieter ist gerührt. Er kennt den alten deutschen Schlager, den die Mutter schon in seiner Kindheit gesungen hat, wenn sie putzend durch die Wohnung wirbelte.

Er lässt sie noch eine Weile alleine und wartet geduldig vor der Badezimmertür. Sein Ebenbild im Garderobenspiegel der Diele kann ihm aber nicht die quälende Gedankenfrage ersparen: *Wie willst du sie jemals wieder aus der Wanne kriegen?*

Noch nie ist Dieter Lauer seiner Mutter so nahe gewesen wie in dem Moment, als er nach vielen vergeblichen Versuchen ihren schweren, splitternackten Körper in engster Umarmung so drehen und anheben kann, dass ihr schließlich das Aufstehen in der Badewanne gelingt.

Juli

Die Infektionszahlen in Deutschland sind weiterhin auf relativ niedrigem Niveau. Am 1. Juli werden 475 neue Fälle bei bisher insgesamt 195893 Erkrankten gemeldet.

Aber für mich gibt es keinen Grund zur Entwarnung, denn die Reisewelle ist voll im Gang und lässt in vielen Ländern die Zahlen wieder steigen.

Am Monatsende schlägt die Rückkehr der Urlauber mit knapp 1000 Fällen in Deutschland zu Buche.

Die Sonne kümmert sich nicht um die Pandemie. Sie lässt die Tomatenpflanzen im heimischen Garten gedeihen und bemüht sich redlich, uns für den entgangenen Kanarenurlaub zu entschädigen.

Im Freien lässt sich wunderbar Abstand halten: So können wir unseren Verwandten und Freunden begegnen, zu denen wir so lange den persönlichen Kontakt vermeiden mussten.

Auch beim Treffen mit den Badmintonfreunden im zum Biergarten umgestalteten kleinen Freibad des Neuwieder Stadtteils Oberbieber ist ein Hauch von Normalität im sozialen Miteinander wohltuend spürbar.

Unsere Heimatstadt Neuwied erregt weit über ihre Grenzen hinaus ein öffentliches Interesse: Es steht die Abwahl des Bürgermeisters auf der Tagesordnung des Stadtrates.

Die ganze Angelegenheit ist recht verkorkst – scheinen mir doch eher parteipolitische Schachzüge als die zur Sprache gebrachten persönlichen Verfehlungen des Amtsinhabers die wahren Gründe für das angeleierte Verfahren zu sein.

Ich bin weiterhin hartnäckig – was meine 84-Euro-Forderung an TUI fly anbetrifft. Mein Anruf bei der Servicenummer lässt am anderen Ende der Leitung nur monoton das Besetztzeichen tuten.

Deshalb geht meine ultimativ letzte Email mit einer Terminsetzung zum 14. Juli raus. Als – wie befürchtet, aber auch erwartet – eine Resonanz darauf ausbleibt, schalte ich meinen Rechtsschutz ein, der mir einen Anwalt aus der Region empfiehlt.

Seit Monatsbeginn gilt die zur Belebung der Wirtschaft in der Coronakrise beschlossene reduzierte Mehrwertsteuer. Der Handel gibt sie weitgehend an den Verbraucher weiter, aber unsere Tageszeitung – warum auch immer – nicht. (Der dazu verfasste, aber nicht veröffentliche Leserbrief ist auf Seite 66 zu finden.)

Damit sich meine Gedanken nicht nur um das Thema „Corona" drehen, beginne ich lyrische Geburtstagskarten zu entwerfen. Dazu schreibe ich fünfzeilige Gedichte und platziere sie auf ein zur Stimmung des jeweiligen Monats passendes Foto.

Die Ergebnisse lasse ich in kleiner Auflage von einer Onlinedruckerei im Postkartenformat vervielfältigen. Hier ein Beispiel:

Geburtstag im März

Das Blütengold
der Haselnuss
will dich zum Wiegen-
fest heut grüßen
– doch nur mit
virtuellem Kuss.
Sonst wirst du noch
vor Tagesschluss
be(s)täubt vom
Glücksrausch heftig niesen.

© H.W.L.

65

Leserbrief an die Rheinzeitung:
Was Zahlen mich heute fragen wollten
15.07.2020

Nach der Lektüre von Berichten zur Senkung der Mehrwertsteuer in der Rhein-Zeitung frage ich mich, wie der Mittelrhein-Verlag selbst damit umgeht.

Die Senkung des ermäßigten Satzes von 7 % auf 5 % bedeutet für die Abonnenten, zu denen ich mich seit 38 Jahren zähle, eine Preissenkung um 1,9 % (gerundet). Das bedeutet für den monatlichen Betrag von 41,20 € (Neuwieder Ausgabe) eine Ersparnis von 0,78 €.

Bei einer Auflage von ca. 162000 mit einem Abonnentenanteil von rund 91 % (laut Wikipedia am 15.7.2020) ergibt sich für diesen Kundenstamm: 162000 x 0,91 x 0,78 € = 114987,60 € als monatliche Summe. So kommt bis Dezember 2020 ein Betrag von ca. 690000 € zusammen.

Es bleibt nun die Frage, ob dieser – wohl mit nicht unerheblichem Verwaltungsaufwand – an die Kunden weitergegeben oder vielleicht an durch die Coronakrise besonders gebeutelte Einrichtungen und Verbände gespendet wird.

Dass der Mittelrhein-Verlag den Betrag einstreicht, will ich erst gar nicht in Betracht ziehen – hat er doch seit März mit der meist nur noch 24 Seiten (statt bis dahin 32 Seiten) starken Tageszeitung Papier- und Druckkosten einsparen können.

Satire in Coronazeiten

Vorteilhaft
17.07.2020

Ich frage mich, warum sich manche Leute
noch immer – oder etwa wieder schon? –
vorm regelrechten Maskentragen zieren.
Es kam mir aus dem Bäckerladen heute
genervt ein Mann entgegen – welch ein Hohn!
Um seinen Unmut mir zu demonstrieren,
riss er die Maske runter: „Puh – geschafft!"
Ich dachte, ohn' ein Wort doch zu verlieren:
Für dein Gesicht wär sie schon vorteilhaft.

Zurück vom Ballermann

20.07.2020

Wie haben diese Leute wohl getickt?

Mit Anstand Abstand halten? Keine Spur!

Stattdessen lallten sie dabei verzückt:

„Hier wird getanzt, gesoffen und … das auch.

Auf Malle zählt das Partyleben nur!"

Drum hat man schnellsten sie nach Haus geschickt,

und wieder auch gesperrt den Ballermann.

Die Mallorquiner registrier'n beglückt:

„Gut dass der deutsche Touri, der jetzt zickt,

statt uns die Landsleut' infizieren kann."

Fehlstart weil Frühstart

24.07.2020

Die Kurven zeigten eine Delle
– Europa schien schon über 'm Berg.
Doch steigen mit der Reisewelle
die Zahlen wieder auf die Schnelle:
Ein Fehlstart ist hier voll am Werk.

Selbstzahler

24.07.2020

Ignorierend, dass sich räche
Urlaubsreise in Coronazeit,
soll 's sein Ding sein, dass er bleche
nun für einen Test die Zeche –
war doch er zum Risiko bereit.

Gang über den Luisenplatz

28.7.2020

Professor Wieler – Chef des RKI
erklärte vor der Presse heute Morgen,
der lasche Umgang mit der Pandemie
bereite ihm die allergrößten Sorgen.

In meinen Ohren klang noch dieser Satz,
als mittags ich die Innenstadt besuchte
und – gehend über den Luisenplatz –
das Treiben vieler Leute dort verfluchte.

Von Abstand oft nicht die geringste Spur –
so liefen sorglos sie herum in Massen.
Die Masken baumelten am Halse nur
und in Cafés galt hautnah: Hoch die Tassen!

Beim Rückweg wählte ich bewusst die Straßen,
die frei von denen waren, die vergaßen ...

PS: Der Luisenplatz mit seiner Fülle an Geschäften
und Gastronomiebetrieben liegt im Zentrum
meiner Heimatstadt Neuwied.

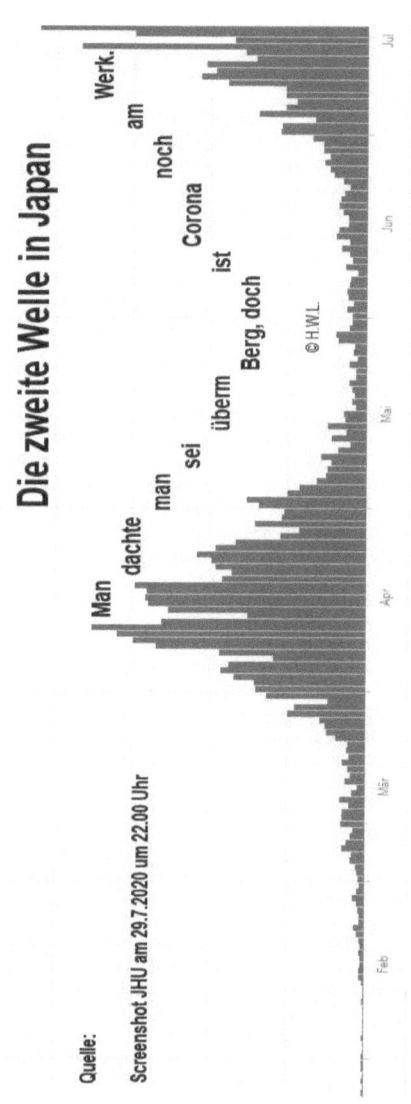

Die zweite Welle in Japan

Quelle:
Screenshot JHU am 29.7.2020 um 22:00 Uhr

August

Am 1. August blickt Deutschland auf mittlerweile 211005 Einwohner, die an Covid-19 erkrankt sind bzw. waren.

Ich beobachte weiterhin täglich gebannt die aktuellen Zahlen und gewinne im Verlauf des Monats den Eindruck, dass eine zweite Welle auf uns zurollt, wie sie in Spanien schon losgetreten ist.

Ganz anders wird die Lage durch die sich in Anti-Corona-Demonstrationen organisierenden „Querdenker" beurteilt. *Alles nur Panikmache* oder *totale Freiheitsberaubung* sind noch die harmloseren Kommentare, die man sich aus ihren Mündern anhören muss.

Mehr Worte mag ich über die Maskenverweigerer und Jünger abstruser Verschwörungstheorien nicht verlieren. Dann lieber schon über das anhaltend gute Wetter: Dieser Sommer ist ein Hit!

Die Anwaltssuche in der Angelegenheit TUI fly entwickelt sich zu einer wahren Slapstick-Geschichte.

Die vom Rechtsschutz favorisierte Kanzlei winkt auf meine Anfrage nach einer Woche des Schweigens ab und verweist mich an einen jungen Anwalt in der Stadt.

Dieser sieht sich aufgrund von Arbeitsüberlastung außerstande, mich zu vertreten und empfiehlt seinerseits just den zuerst Kontaktierten als Spezialisten im Reiserecht. Besser kann sich eine Katze nicht in den Schwanz beißen!

Schließlich lande ich bei der in meiner Heimatstadt alteingesessenen Kanzlei, die die Sache professionell auf den Weg bringt.

Im Juli enden in fast allen Bundesländern die Sommerferien und Schulen sowie Kitas sollen wieder im Regelbetrieb starten.

Ich habe dabei allerdings vor dem Hintergrund der vielen Reiserückkehrer meine Bedenken und würde mir eine schrittweise Öffnung mit eingeschränkten Gruppengrößen wünschen.

Mit Recht!
01.8.2020

Protest ist jedem zugestanden,

wenn er sich an die Regeln hält.

Bei denen, die aus deutschen Landen

sich in Berlin zusammenfanden,

war 's heut doch damit schlecht bestellt.

Kein Abstand wurde eingehalten

und ignoriert die Maskenpflicht.

Von rechts gesellten sich Gestalten,

die ein Gedankengut verwalten,

das nicht dem Grundgesetz entspricht.

Sie zählten sich schon zu Gewinnern,

eh Ordnungskräfte sagten: „Schluss!"

„Mit Recht!", so meinte ich im Innern,

weil keiner unter diesen Spinnern

kapiert, dass Rücksicht ist ein Muss!

„Alte" Achtsamkeit
03.8.2020

Ach – wie bin ich heute froh,

Lehrer in Pension zu sein!

Fürchte – wie beim trocknen Stroh,

dass es brennt bald lichterloh

in den Schulen allgemein.

Klassenstärken sind zu groß,

Klassenräume viel zu klein.

Legt Corona richtig los,

ist 's zu spät, weil man dann bloß

reagiert im Nachhinein.

Nach dem Mix zur Ferienzeit

stellt sich heute mir die Frage:

Wär 's vielleicht zunächst gescheit,

man übt „alte" Achtsamkeit

für die ersten vierzehn Tage?

PS: Auch Schülerinnen und Schüler haben noch die
   Freiheit der Ferienzeit im Kopf. Sie sollten –

angesichts des zunehmend laschen Verhaltens ihrer erwachsenen Vorbilder – in kleinen Gruppen und großen Räumen den Umgang mit der doch noch immer besonderen Situation (wieder) einüben können. Außerdem sind in den ersten zwei Wochen auftretende Infektionsfälle dann weniger streuend.

Die Quittung
05.8.2020

Urlaubsfreude ohne Ende!

zelebrierten viele Leute

beim Besuch der Sonnenstrände.

Doch mir scheint – nun kommt die Wende:

Urlaubsende ohne Freude!

PS: Mit 1285 Neuinfektionen (nach Johns Hopkins Universität am 5.8. um 23.34 Uhr) hat Deutschland heute den höchsten Wert seit dem 30. April zu verzeichnen. Und nun „dürfen" unsere Kinder wieder in die Schule gehen ...

Schreiben in Coronazeiten
07.08.2020

Müsst ich mit meiner Schreiberei
den Lebensunterhalt bestreiten,
dann hätt' ich wen'ger Freud dabei,
denn ich wär mittellos beizeiten.

So vielen Künstlern geht es schlecht –
kein Umsatz, dass die Kasse stimmt!
Corona trifft sie wie ein Hecht,
der alles frisst, was vor ihm schwimmt.

Doch ich – versorgt als Pensionär –
schreib Bücher frei von dieser Bürde,
wobei auch mir 's sympathisch wär,
wenn ich ein paar verkaufen würde.

Liebe Stefanie
10.8.2020

Nimm den Fuß vom Gaspedal,
wenn du bald die Schule startest!
Besser ist es allemal,
dass du vierzehn Tage wartest,
eh du in Normalbetrieb
schaltest – wenn 's dann ruhig auch blieb.

Halb nur füll'n – im ersten Gang –
solltest du die Klassenzimmer,
dass es nicht nach Überschwang
plötzlich heißt: „Die Sach' wird schlimmer."
Ist dein Tempo angepasst,
wär 's die halbe Miete fast.

Höher schalten kannst du dann,
hast die Lage du vor Augen.
„Volle Fahrt!", heißt 's irgendwann,
wenn die Zahlen dazu taugen.
Folgst du dieser Strategie,
ruf ich: „Klasse, Stefanie!"

PS: Das Gedicht war als Brief an die rheinland-pfälzische Ministerin für Bildung Stefanie Hubig gedacht und wurde per Email ans Ministerium geschickt.

Und hier die Antwort von Katharina Kauth – der persönlichen Referentin der Ministerin:

Sehr geehrter Herr Lücker,

Frau Ministerin Dr. Hubig dankt Ihnen sehr herzlich für Ihre Mail, mit der Sie Ihre Bedenken und Anregungen für das neue Schuljahr so wunderbar poetisch zum Ausdruck gebracht haben. Sie hat mich gebeten, Ihnen zu antworten und bittet um Verständnis dafür, dass sie dies in der aktuellen Situation nicht persönlich tun kann. Ich wiederum bitte um Verständnis, dass meine Antwort nicht in Versform formuliert ist. Zu Ihrem Anliegen kann ich Ihnen folgende Rückmeldung geben:

Wie Sie wissen, haben die Bildungsministerien aller Bundesländer im Rahmen der Kultusministerkonferenz gemeinsam beschlossen, dass die Schulen nach den Sommerferien wieder vollständig öffnen, wenn es das Infektionsgeschehen zulässt. Diese Entscheidung wurde auf Grundlage von intensiven Beratungen mit Expertinnen und Experten aus den Bereichen Pädiatrie, Virologie, Hygiene, Erziehungswissenschaften, Psychiatrie und Psychologie getroffen.

Zu Beginn der Covid-19 Pandemie war es zunächst erforderlich, dem Infektionsschutz Vorrang vor dem Recht auf Bildung zu geben, um eine unkontrollierte

Verbreitung des Coronavirus in der Bevölkerung und damit einhergehend eine Überlastung des Gesundheitssystems zu verhindern.

Auch wenn die Zahl der Neuinfektionen insgesamt momentan wieder ansteigt, so bewegt sie sich in Rheinland-Pfalz immer noch auf einem insgesamt niedrigen Niveau.

Die vergangenen Wochen und Monate haben uns allen sehr deutlich vor Augen geführt, wie bedeutsam die Schule nicht nur als Ort des Lernens, sondern des Lebens, des sozialen Miteinanders ist. Es geht um unsere Schülerinnen und Schüler, um die nächste Generation, die im Zentrum all unserer Überlegungen und unseres Handelns steht. Deshalb ist es jetzt an der Zeit, so viel Schule wie möglich zu machen, und das selbstverständlich unter Corona-Bedingungen.

Das bedeutet, dass weiterhin die AHA-Regeln gelten: Abstand halten, auf Hygiene achten und Alltagsmasken tragen. Auf das Tragen der Maske kann lediglich im Unterricht selbst, also im Klassenverband verzichtet werden. Auf Gängen und Fluren sowie im Pausenhof muss die Maske getragen werden, insbesondere dann, wenn die Schülerinnen und Schüler mit Kindern und Jugendlichen aus anderen Klassen zusammentreffen. Die Lerngruppen dürfen möglichst wenig durchmischt werden, regelmäßiges Lüften aller Räumlichkeiten ist eine Grundvoraussetzung.

Oberstes Gebot wird weiterhin sein, die Infektionszahlen in einem engen Rahmen zu halten. Rheinland-Pfalz testet dabei grundsätzlich anlass-

bezogen. Sobald ein Fall an einer Schule auftritt, testen wir umfassend und schnell. Bis die Ergebnisse vorliegen, gilt eine Quarantäne. Im Anschluss entscheidet das Gesundheitsamt, wann der Schulbetrieb wieder startet.

Darüber hinaus gibt es eine Querschnittsstudie an Schulen und Kitas, dabei werden Kinder, Jugendliche und Personal jeweils regional verteilt in insgesamt 35 Einrichtungen vor und nach den Sommerferien auf Covid-19 getestet. Vor den Sommerferien gab es 0 Fälle. Darüber hinaus erhalten Lehrkräfte und Erzieherinnen und Erzieher die Möglichkeit, sich bis Mitte September kostenlos auf Covid-19 testen zu lassen.

Dennoch ist es nicht ausgeschlossen, dass zumindest regional begrenzt auch in Rheinland-Pfalz vorübergehend teilweise oder vollständige Schulschließungen erforderlich werden. Damit darauf alle bestmöglich vorbereitet sind, haben wir vor und in den Sommerferien unseren Schulen umfassende Informationen als Planungsgrundlage zur Verfügung gestellt. Die Schulen haben sich basierend darauf auf drei mögliche Szenarien vorbereitet:

•Regelbetrieb ohne Abstandsgebot
•eingeschränkter Regelbetrieb mit Abstandsgebot
•und temporäre Schulschließung

Unsere Schulen haben für alle drei Szenarien Konzepte entwickelt. Denn: Wir starten im Regelbetrieb, dennoch müssen wir – je nach Infektionsgeschehen – auch auf Einschränkungen vorbereitet sein. Für unsere Schülerinnen und Schüler, ihre Eltern sowie für unser gesamtes pädagogisches wie nicht-pädagogisches Personal ist dabei vor allem sehr wichtig: Sollte es noch einmal zu einem der beiden anderen Szenarien kommen, sind alle Schulen im Land vorbereitet.

Mittlerweile liegen darüber hinaus auch wissenschaftliche Erkenntnisse darüber vor, dass Kinder und Jugendliche nicht nur seltener, sondern auch im Falle einer Infektion mit COVID-19 in der Regel weniger schwer erkranken als Erwachsene. Die übergroße Mehrzahl der Infektionen im Kindes- und Jugendalter verläuft asymptomatisch oder nur mit wenigen Symptomen. Zusätzlich belegen Daten, dass Kinder und Jugendliche bei der Virusübertragung auf andere Kinder und Jugendliche, aber auch auf Erwachsene eine untergeordnete Rolle spielen und die Infektionsübertragung auf Kinder innerhalb von Familien in der Regel durch infizierte Erwachsene erfolgt. Darauf weisen die Deutsche Gesellschaft für Krankenhaushygiene (DGKH), die Deutsche Gesellschaft für Pädiatrische Infektiologie (DGPI), die Deutsche Akademie für Kinder- und Jugendmedizin (DAKJ), die Gesellschaft für Hygiene, Umweltmedizin und Präventivmedizin (GHUP) und der Berufsverband der Kinder- und Jugendärzte in Deutschland (bvkj e.V.) in einer gemeinsamen Stellungnahme hin.

Nach Aussage dieser Fachgesellschaften ist schweres COVID-19 nach derzeitigem Kenntnisstand in Deutschland bei Kindern keinesfalls häufiger als viele andere potentiell schwer verlaufende Infektionserkrankungen bei Kindern, die nicht zur Schließung von Schulen und Kindereinrichtungen führen. Sie plädieren dafür, die Schulen unter Berücksichtigung der regionalen Neuinfektionsrate schnell wieder zu öffnen.

Selbstverständlich stimmen wir uns weiter eng mit den Expertinnen und Experten im Hinblick auf das Infektionsgeschehen und die daraus zu ziehenden Konsequenzen ab, um gegebenenfalls Entscheidungen anzupassen oder neu zu treffen.

Das Geschehen rund um die Corona-Pandemie ist dynamisch, dies gilt sowohl für das Pandemiegeschehen selbst als auch für die wissenschaftlichen Erkenntnisse, die über COVID-19 gewonnen werden. Daher müssen sich die Maßnahmen zur Eindämmung der Pandemie immer an den jeweils aktuellen Erkenntnissen orientieren. Solche Erkenntnisse können sich ändern, dann können die Maßnahmen entsprechend angepasst werden. Daher ist auch der Hygieneplan für Schulen Veränderungen unterworfen und zeichnet stets die der Landesregierung vorliegenden wissenschaftlichen Erkenntnisse nach.

Ich hoffe, meine Antwort legt die Beweggründe für unsere Entscheidungen dar und bitte um Ihr Verständnis. Ihnen und Ihrer Familie wünsche ich in dieser Ausnahmesituation, in die uns das Coronavirus versetzt hat, alles Gute.

Mit freundlichen Grüßen

--

Katharina Kauth

MINISTERIUM FÜR BILDUNG
Mittlere Bleiche 61
55116 Mainz

Dreizehntausend Dusseldoofe?

11.08.2020

Frage mich, warum ihr sollt
in ein Fußballstadion dürfen?
Nicht – dass dann ein Ball dort rollt,
nein – nur weil ihr Party wollt:
Tanzen, singen, Bierchen schlürfen.

Ach – ihr meint, es sei geplant
grade darauf zu verzichten,
weil Corona dazu mahnt?
Seid ihr erst mal drin – man ahnt,
werdet ihr 's für euch schon richten.

Klar – bei einem Rockkonzert
soll die Atmosphäre stimmen.
Just deshalb sei euch verwehrt
das Event – auch wenn ihr plärrt.
Anstandsgrenzen sonst verschwimmen.

„Anstand?", fragt ihr euch vielleicht,
„Abstand werden wir doch halten!"
Doch bei Dreizehntausend reicht
dies nicht, weil jed' Vorsatz weicht,
wenn auf stur paar Hundert schalten.

PS: Das für den 4. September 2020 in Düsseldorf mit 13000 Zuschauern geplante Großkonzert (u.a. mit Sarah Connor und Bryan Adams) wird – Gott sei Dank – auf das nächste Jahr verschoben.

Eine vermeidbare Panne?
12.08.2020

Wenn man von Hand erhebt die Daten

in Autobahn – und Bahnhofszentren,

ist klar, dass die in Not geraten,

die im Labor ihr Bestes taten

und jetzt mit Tippen Zeit verschwenden,

eh sie Befunde können senden.

PS: Ein kleine Rechnung zur Meldung, dass in Bayern die Ergebnisse der Coronatests bei Reiserückkehrern nur sehr zögerlich an die Betroffenen weitergegeben werden.
Wenn 60000 Datensätze im Nachhinein digital erfasst werden müssen, dann benötigt man dazu 60000 x ca. 2 min = 120000 min = 2000 h = 250 Arbeitstage á 8 h.
Damit wären dann etwa 36 MitarbeiterInnen eine ganze Woche lang beschäftigt. Ich frage mich, ob man dies in Bayern falsch oder gar nicht eingeschätzt hat.

Corona-Jackpot
15.08.2020

Jede Woche wird gespielt
Toto, Eurozahlen, Lotto
und im Glückswahnsinn geschielt
auf den Jackpot – nach dem Motto:
Man schafft das worauf man zielt.

Zählend auf Wahrscheinlichkeit
– ein MILLIONSTEL an Prozent,
äußert man zur gleichen Zeit,
es sei Covid virulent
tödlich NUR mit VIER Prozent.

Die Moral von dem Gedicht:
Setz bei beiden Spielen nicht!

Hört ihr die Signale?
19.08.2020

Lauscht man den Worten von Herrn Spahn,

vernimmt man deutlich die Signale:

Er bastelt schon an einem Plan,

zu bremsen jenen Feierwahn,

der – dank enthemmter Rituale –

die Lage schnell dreht ins Fatale.

Jetzt ein Stopp!
20.08.2020

Für Freiheit in der Reisezeit

hielt man die Grenzen wieder offen.

Doch nun grassiert europaweit

Corona mit 'ner Schnelligkeit,

die mich kaum wagen lässt zu hoffen,

dass jetzt ein Stopp wird noch getroffen.

Wenn Spaniens Blüten ... welken
22.8.2020

Was ist denn nur in Spanien los?
Es explodieren neu die Fälle,
obwohl vor ein paar Wochen bloß
die Lage war noch so famos,
dass Gäste waren gleich zur Stelle. –
War'n die vielleicht zu hemmungslos?

Ich muss hier raus!
23.8.2020

Ich sitz im vollen Wartezimmer
der Ambulanz im Krankenhaus.
Die Lüftung stöhnt und was noch schlimmer:
Die Leute haben keinen Schimmer
von Achtsamkeit. Ich muss hier raus!

Kulturpark in Neuwied?
24.8.2020

Ein Freizeitpark erfreut seit heute

nicht nur die Gäste sondern auch

die Fülle der Betreiberleute,

die lange war'n des Virus Beute

mit abgesagtem Kirmesbrauch.

Ein Dank gilt drum der Stadtverwaltung,

die unterstützend sich erwies.

Wie wär 's, wenn solche Art Gestaltung

auch dienen könnte der Entfaltung

von Künstlern im Shutdown-Verlies?

PS: Wie gerne würde ich mit der Gruppe „Kultu(h)r"
im September auf dem Luisenplatz in Neuwied
wieder neu an die Öffentlichkeit gehen können ...

September

Der September startet in Deutschland mit 246015 bisher an Covid-19 Erkrankten. Die tägliche Infektionszahl steigt im Laufe des Monats zwar noch nicht so stark wie in unseren Nachbarländern – aber dennoch kontinuierlich.

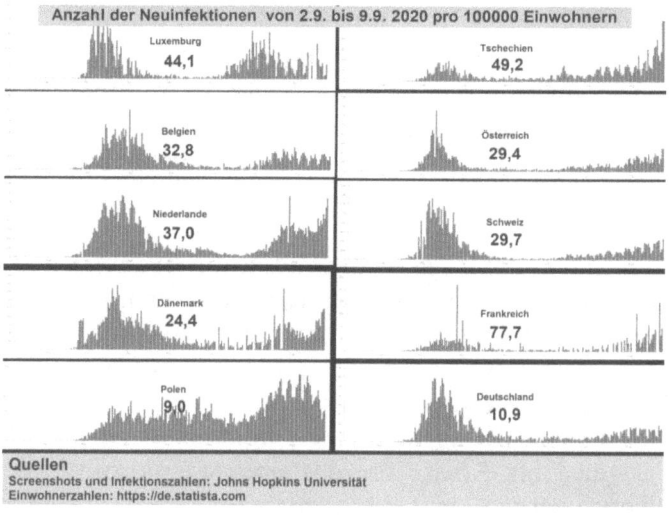

Anzahl der Neuinfektionen von 2.9. bis 9.9. 2020 pro 100000 Einwohnern

Luxemburg 44,1	Tschechien 49,2
Belgien 32,8	Österreich 29,4
Niederlande 37,0	Schweiz 29,7
Dänemark 24,4	Frankreich 77,7
Polen 9,0	Deutschland 10,9

Quellen
Screenshots und Infektionszahlen: Johns Hopkins Universität
Einwohnerzahlen: https://de.statista.com

Eine innere Stimme ermahnt mich, meine Gedankenwelt und mein Tun nicht von der Pandemie dominieren zu lassen.

Gehorsam versuche ich den täglichen Meldungen des Robert-Koch-Institutes und der Johns Hopkins Universität weniger Aufmerksamkeit zu widmen und bastele an einer neuen Homepage für meinen Auftritt als Buchautor.

Und dennoch will mir das Coronageschehen nicht aus dem Kopf gehen. Ich werde ihm zwar nicht mehr mit Gedichten begegnen, aber mir weiterhin den täglichen Blick auf die aktuellen Infektionszahlen erlauben.

Übrigens hat TUI fly – dank des Engagements des kontaktierten Rechtsanwaltes – die Zusatzkosten für die ausgefallenen Flüge an unseren Urlaubsort erstattet.

Allerdings kommt das Einlenken der Fluggesellschaft nicht in der gesetzten Frist. So muss sie nun für ihr Versäumnis einen deutlich größeren als den mir geschuldeten Betrag an das Anwaltsbüro entrichten.

Meine Emailanfrage beim städtischen Ordnungsamt, ob ich mit der Gruppe „Kultu(h)r" im Freien so etwas wie einen Künstlerpark – natürlich unter Beachtung der geltenden Coronabestimmungen – veranstalten könnte, bleibt tagelang unbeantwortet. Schließlich flattert eine Absage in meinen digitalen Briefkasten.

Quasi als Ersatz für das entgangene kulturelle Event widme ich mich meinem Schreibprojekt „Milchkannenmord". Worum es darin geht und warum es doch noch nicht in einen ausgewachsenen Kriminalroman mündet, erfährt die Leserschaft am Ende dieses Kapitels.

Adieu
02.09.2020

Jahrzehntelang bin ich gefahren
zum mir vertrauten Sonnenstrand
auf Fuerte – Perle der Kanaren –
und alle Urlaubstage waren
erfüllt mit Glück, das ich dort fand.

Doch sollt' es diesmal anders kommen:
Corona hat mir im April
gebuchte Freuden weggenommen,
als Zahlen in die Höhe klommen
und alle Flieger ruhten still.

Seit dieser Zeit quält mich die Frage:
„Ob ich je Fuerte wiederseh'?"
Just heut verschlimmert sich die Lage
zum Risiko. Was bisher vage
verdichtet sich im Wort: „Adieu!"

Keine Lobby
05.09.2020

Die Pandemie bringt 's an den Tag:
Man hat die Schulen lang vergessen.
Gebäude gleichen 'nem Verschlag
und 's Personal ist knapp bemessen.

Bei Klassenstärken – viel zu groß –
lässt ohne Sicht auf eigne Pflichten
man Schüler auf die Lehrer los
und denkt: Die werden es schon richten.

Seit eh und je scheint – wie ich mein':
Die Politik sieht 's nur als Hobby,
für Bildung ein Garant zu sein.
Noch immer hat die keine Lobby!

Ab heute
16.09.2020

Nun dauert 's schon ein halbes Jahr,

dass mich ein Virus fesselt täglich

mit News und Zahlen zur Gefahr.

Mein schöpferisches Tun sogar

verengte sich darauf – unsäglich!

Ab heute doch ruf ich: „Vorbei!"

und schreib mich von Corona frei.

Vor 51 Jahren: Der Milchkannen-Mord im Kreis Neuwied

Essay – September 2020

Mit dem Deckel einer zuvor in Rüscheid gestohlenen Milchkanne wurde an den letzten Julitagen des Jahres 1969 ein junger Mann aus Gelsenkirchen erschlagen.

Die Leserinnen und Leser werden sich vielleicht fragen, was an dem Fall denn heute noch interessant sein soll. Die nachfolgenden Ausführungen können vielleicht eine Antwort darauf geben.

Als ich im September 2019 in Rüscheid auf einer Familienfeier weilte, erkundigte sich eine Bekannte aus dem Westerwalddort nach meiner Arbeit an dem aktuellen Buch „Das Verbrechen wohnt gleich nebenan". Dabei reichte sie mir mit einem vielsagenden Lächeln einen Briefumschlag und meinte: „Darüber kannst du vielleicht in deinem nächsten Krimi schreiben."

Ich öffnete das Kuvert und fischte daraus ein arg vergilbtes Blatt Papier. „Schau ruhig nach!", ermunterte mich mein Gegenüber.

Auf der Vorseite prangte in großen Lettern die Überschrift „MORD" und am unteren Blattrand war –

unwesentlich kleiner – „5000 DM BELOHNUNG" zu lesen.

Ich überflog den Text, der auch die Rückseite ausfüllte. Offensichtlich handelte es sich um einen aus den letzten Monaten des Jahres 1969 stammenden Aufruf der Mordkommission des Polizeipräsidiums Koblenz an die Bevölkerung:

Ende Oktober 1969 wurde in der Gemarkung Leutesdorf/Kreis Neuwied in der Nähe der Brombeerschänke die skelettierte Leiche des Kloß aufgefunden ... Neben der Leiche wurde eine Milchkanne gefunden, die in der Nacht zum 23. Juli in Rüscheid (ca. 25 km vom Fundort der Leiche entfernt) gestohlen worden war.

„Kloß?", fragte ich mich und ließ meine Augen über die Angaben neben dem Foto eines jungen Mannes mit Anzug und Krawatte streifen.

Siegfried Kloß, 18 Jahre alt ... seit dem 20. Juli 1969 vermisst ... hat bis dahin bei seinen Eltern in Gelsenkirchen-Hassel gewohnt.

Länger wollte ich mich jetzt mit dem Schreiben nicht mehr beschäftigen – war ich doch Gast einer Familienfeier. Ich steckte deshalb das 51 Jahre alte Blatt Papier samt Kuvert in meine Jackentasche.

In den folgenden Wochen bemühte ich mich, mehr über den mysteriösen Mordfall zu erfahren – vor allem, ob er jemals aufgeklärt wurde.

Die Recherche im Internet war zunächst wenig erfolgreich. Auch die Anfrage bei der Pressestelle des Polizeipräsidiums Koblenz ergab nur die unbefriedigende Emailantwort: *Leider muss ich Ihnen mitteilen, dass es keinen Ansprechpartner zu einem Fall mehr gibt, der sich vor 50 Jahren ereignet hat.*

Dann stellte ich ein Foto des antiken Flugblattes bei Facebook ein, wobei ich den mit Fragen versehenen Post nicht nur in Gruppen aus der Neuwieder Region sondern auch in der Gruppe des Gelsenkirchener Stadtteils Hassel teilte.

Auch hier fiel die Resonanz sehr bescheiden aus. Eine Frau aus Leutesdorf erinnerte sich nur daran, dass ihr Vater mal von dem Leichenfund erzählt hatte.

Eine andere aus Gelsenkirchen-Hassel versprach mir, sich bei einer älteren Nachbarin aus der Wohnstraße des Mordopfers zu erkundigen – meldete sich dann aber nicht mehr.

Durch einen Zufall entdeckte ich auf Youtube zwei Videos der ZDF-Sendung „Aktenzeichen XY ... ungelöst" vom 14. April 1972(!). In vor Ort nachgestellten Szenen erfuhren die Zuschauer mehr über die Einzeleinheiten des fast drei Jahre zurückliegenden Mordfalles, der bis dahin immer noch nicht aufgeklärt worden war.

Vor allem das geschilderte Geschehen in der Gemeinde Rüscheid weckte mein Interesse. Einige Bewohner hatten in den letzten Julitagen 1969 Beobachtungen gemacht, die in mir tatsächlich die Idee zu einem Kriminalroman aufkeimen ließen:

Könnte der oder die Täter nicht aus der Rüscheider Dorfjugend stammen?

Meine Fantasie war nicht mehr aufzuhalten. Der Ehemann der Bekannten, die mir das alte Flugblatt gegeben hatte, war mit seinen beiden jüngeren Brüdern etwa im Alter des Ermordeten, der – wohl mit einer Bande – damals die Umgebung des Westerwaldortes unsicher machte. Die drei könnten doch den nächtlichen Störenfrieden nachgestellt sein, sie gefunden haben und ...

Vorsicht!, mahnte meine innere Stimme, *Fiktion und Realität könnten sich ins Gehege kommen*. Damit legte ich das Projekt Kriminalroman erst einmal zur Seite – entschloss mich aber, weiterhin zu recherchieren.

So nutzte ich den in der Fernsehsendung genannten Namen des ermittelnden Hauptkommissars für eine gezielte Nachfrage bei LinkedIn, wo ein *Willi Muster*, Pensionär bei Kriminalpolizei* geführt wird. Leider ist bis heute eine Antwort des Herrn ausgeblieben.

Als ich in meinem Fitness-Studio einem dort regelmäßig auf dem Ergometer trainierenden Sportkollegen von der ganzen Geschichte erzählte, gab dieser sich als pensionierter Polizeibeamter der Koblenzer Region zu erkennen.

„Ach der Muster* ist viel zu alt – wenn er überhaupt noch lebt", stellte mein Gegenüber nüchtern fest und fügte, ohne die Trittfrequenz auf dem Rad zu senken, hinzu: „Und statt bei der Kripo nachzufragen, würde ich mich an die Staatsanwaltschaft in Koblenz wenden."

* Name geändert

Mit dem Handrücken wischte er sich den Schweiß von der Stirn und nahm einen Schluck aus seiner Trinkflasche. „Dort müssten die Ermittlungsakten noch gelagert sein."

Die darauf folgende Email-Kommunikation mit der Staatsanwaltschaft Koblenz sei hier im Original angegeben:

1. Meine Anfrage (22.01.2020)

Sehr geehrte Damen und Herren,

ich recherchiere für ein Buch in einem Mordfall aus dem Jahr 1969(!), der sich in meiner Heimatregion zugetragen hat. Außer dem "Flyer" (siehe Anhang) der Kripo Koblenz aus diesem Jahr und der Sendung Aktenzeichen XY vom 14.4.1972 liegen mir bisher keine Informationen vor.
Nun mein Anliegen: Existieren im Archiv Ihres Hauses noch Unterlagen, die mich in der Recherche voran-bringen könnten?
Für eine Antwort - so oder so - bin ich Ihnen dankbar.

Mit freundlichen Grüßen
Hans-Werner Lücker

2. Erste Antwort von Oberstaatsanwalt Kruse (30.01.2020)

Sehr geehrter Herr Lücker,

ich bestätige den Eingang Ihrer Mail vom 22.01.2020 und kann Ihnen zunächst einmal die erfreuliche

Mitteilung machen, dass unsere Ermittlungsakten noch vorhanden und auch hier bei uns archiviert sind. Leider ist es zu einer Aufklärung des Tötungsdeliktes seinerzeit nicht gekommen.

Die Einsicht in Strafakten durch Dritte regelt sich nach den Vorschriften der §§ 475 und 476 StPO. Danach bedarf es entweder eines berechtigen Interesses an der Akteneinsicht (bzw. den Auskünften) oder diese muss Forschungszwecken dienen. Im Hinblick auf Ihr Buchprojekt können sich am Vorliegen der entsprechenden Voraussetzungen Zweifel ergeben. Dies dürfte jedoch nicht zuletzt davon abhängen, wie weitgehend und wozu genau Sie die Auskünfte haben möchten.

Um die Ihrem Auskunftswunsch zusammenhängenden Fragen nicht in einem schwerfälligen schriftlichen Verfahren klären zu müssen, schlage ich Ihnen vor, dass wir sie in einem persönlichen Gespräch erörtern, zu dem ich Sie - auch im Namen des Leiters der hiesigen Pressestelle - gerne hierher einlade. Wenn Sie daran Interesse haben, würde ich mich freuen, wenn Sie mit meinem Vorzimmer unter der u.a. Telefonnummer einen Termin vereinbaren würden.

Mit freundlichen Grüßen
Harald Kruse

Harald Kruse
Leitender Oberstaatsanwalt
STAATSANWALTSCHAFT KOBLENZ

3. Meine Rückantwort (02.02.2020)

Sehr geehrter Herr Kruse,

ich bedanke mich ganz herzlich für Ihre Antwort und die Einladung zu einem persönlichen Gespräch. Wäre ich ein akribisch arbeitender und unbedingt nur an Tatsachen des Falles interessierter Journalist, würde ich eine eventuell mögliche Einsicht in die Ermittlungsakten mehr als begrüßen. Zum Beispiel noch lebende (Zeit)Zeugen dann interviewen zu können, wäre journalistisch sicher sehr interessant.

Aber mir – einem Autor von mehr oder weniger fiktiven Geschichten – ist mit Ihrer Information, dass das Tötungsdelikt nie aufgeklärt wurde, schon vollauf gedient.
Ich gedenke – inspiriert von dem Ermittlungsstand aus der erwähnten Sendung (April 1972) – meiner Fantasie freien Lauf zu lassen. Vielleicht schreibe ich aus der Sicht eines Journalisten (s.o), der nicht locker lässt und sich damit selbst in Gefahr bringt.
Nochmals vielen Dank für Ihre freundliche Unterstützung!

Herzliche Grüße
Hans-Werner Lücker

4. Zweite Antwort von Oberstaatsanwalt Kruse (03.02.2020)

Sehr geehrter Herr Lücker,

dann lasse ich die Akten wieder in unser Archiv zurückbringen. Dort werden sie noch bis zum Jahr

2113 eingelagert, so dass sie, sollten Sie sich noch umentscheiden, immer noch zur Verfügung stünden.

Mit freundlichen Grüßen
Harald Kruse

Harald Kruse
Leitender Oberstaatsanwalt
STAATSANWALTSCHAFT KOBLENZ

Das Buchprojekt habe ich immer noch nicht aufgegeben. Aber im vergangenen halben Jahr hat mich die Corona-Pandemie so in ihren Bann gezogen, dass ich neben dem täglichen Verfolgen, Notieren und Auswerten der weltweiten Infektionszahlen das Geschehen rund um Lockdown, Abstandsregeln, Maskenpflicht, Reiserückkehrern & Co. in zahlreichen Gedichten verarbeiten "musste".

Anhang: Materialien und Links

Flugblatt aus dem Jahr 1969

M O R D

Siegfried K l o ß,
18 Jahre alt,
ist einem
V E R B R E C H E N
zum Opfer gefallen !

Er war 164 cm groß, schlank und hatte langes, mittel-
blondes Haar; er ging leicht nach vorne gebeugt.

K l o ß trug zuletzt einen dkbl.Trevira-Anzug mit
Weste, Schnallensportschuhe, weißes Hemd und eine rot-
blau gemusterte Krawatte mit auffallend dick gebundenem
Windsorknoten.

In der linken Außenbrusttasche trug er ein Ziereinsteck-
tuch und eine Taschenuhr Marke Ankra. Diese war mit
einer Kette am Jackenrevers befestigt.

K l o ß war seit der Nacht zum Sonntag, dem 20. Juli
1969, vermißt und hatte bis dahin bei seinen Eltern in
Gelsenkirchen-Hassel, Spindelstraße 42, gewohnt.

Ende Oktober 1969 wurde in der Gemarkung LEUTESDORF/Krs.
Neuwied, in der Nähe der BROMBEERSCHRÄNKE, die skel-
tierte Leiche des Kloß aufgefunden.

Er war auf brutale Weise erschlagen worden.

Neben der Leiche wurde eine Milchkanne gefunden, die in der Nacht zum 21. Juli
1969 in Rüscheid (ca. 25 km vom Fundort der Leiche entfernt) gestohlen worden
war. Mit dem Milchkannendiebstahl wird ein Pkw Opel (P 1), Baujahre 1955/60,
Farbe rot mit schwarzem Dach, in Zusammenhang gebracht. Der Pkw war mit mehreren
jungen Leuten besetzt.

Als Anhaltspunkt für diese Zeitphase kann die erste Mondlandung - Montag 21.
Juli 1969 - genannt werden.

An diesem Tage wurde K l o ß auch zuletzt in Essen, im Kaufhaus "DEFAKA"
(Nähe Hauptbahnhof), gesehen.

Die Kriminalpolizei bittet um Ihre Mithilfe und fragt:

- bitte wenden -

5000 DM BELOHNUNG

```
Ende Oktober 1969 wurde in der Gemarkung LEUTESDORF/Krs.
Neuwied, in der Nähe der BROMBEERSCHÄNKE, die skelet-
tierte Leiche des Kloß aufgefunden.
```

Links zur Sendung „Aktenzeichen XY ... ungelöst":

https://www.youtube.com/watch?v=SpFMtWEDwfk
https://www.youtube.com/watch?v=gHlyWbA9css

Nachwort im Oktober

Was sich im September angekündigt hat, rollt im Oktober ungebremst auf uns zu: Die zweite Infektionswelle erfasst flächendeckend alle Bundesländer und treibt am 30.10. die Zahl der Neuinfizierten auf 19382.

Ich treffe mich Mitte des Monats zum vorläufig letzten Mal mit meinen Badmintonfreunden in einem Restaurant und verzichte danach schweren Herzens auch auf mein Training im Fitnessstudio.
Als hätte ich es schon geahnt, beschließt die politische Führung zwei Wochen später – neben anderen Kontaktbeschränkungen – just die Schließung der Gastronomie, des Hotelgewerbes, aller Kultureinrichtungen und der Betriebe zur Freizeitgestaltung.

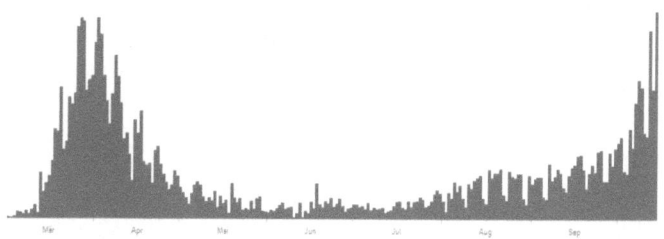

Fallzahlen in Deutschland bis zum 14. Oktober 2020
(Quelle: Dashboard der Johns Hopkins Universität vom 15.10.2020)

Appell an den Restverstand
15.10.2020

Was nützen uns die besten Regeln,

wenn viele sie gleich hinterfragen –

geschweige denn den dreisten Flegeln,

die jeder Rücksicht sich entsagen?

Ich fürchte, dass selbst ein Appell

an unser aller Restverstand

versagen wird, wenn sich 's dann zeigt:

Er ist nur dünn gesät im Land.

PS: Eigentlich wollte ich kein Wort mehr über
Corona & Co. verlieren – eigentlich, aber ...

Kontakte mindern
22.10.2020

Abstand halten? Klare Sache!

Maske tragen? Sowieso!

Doch obwohl ich dieses mache,

brennt die Lage lichterloh.

Aber ich will es verhindern,

dass das Virus überspringt.

Drum werd ich Kontakte mindern,

dass ein Stopp vielleicht gelingt.

Zehn mal zehn mal zehn ist tausend,

mit der Zwei gibt 's grad mal acht.

Wenn ich Massen meide – laufend,

schlaf ich besser in der Nacht.

PS: Vor Wochen wurde Angela Merkel kritisiert, als sie vorrechnete, dass Deutschland im Dezember auf täglich 19200 Neuinfektionen kommen wird, wenn wir die Entwicklung nicht abbremsen.
Ich bin beileibe kein Fan der Politik dieser Frau, doch sie ist sehr klug und ich würde mich freuen, wenn es in 2 Monaten „nur" bei ihrer Prognose bliebe.

Weitere bei tredition erschienene Bücher von Hans-Werner Lücker

Hans-Werner Lücker

Komm auf die
Schaukel, Luise!

Geschichten aus dem Leben mit
der allgegenwärtigen Physik

Hans-Werner Lücker

Das Verbrech
wohnt gleich
nebenan

Mörderische Geschichten

Der tredition Verlag wurde 2006 in Hamburg gegründet. Seitdem hat tredition Hunderte von Büchern veröffentlicht. Autoren können in wenigen leichten Schritten print-Books, e-Books und audio-Books publizieren. Der Verlag hat das Ziel, die beste und fairste Veröffentlichungsmöglichkeit für Autoren zu bieten.

tredition wurde mit der Erkenntnis gegründet, dass nur etwa jedes 200. bei Verlagen eingereichte Manuskript veröffentlicht wird. Dabei hat jedes Buch seinen Markt, also seine Leser. tredition sorgt dafür, dass für jedes Buch die Leserschaft auch erreicht wird

Autoren können das einzigartige Literatur-Netzwerk von tredition nutzen. Hier bieten zahlreiche Literatur-Partner (das sind Lektoren, Übersetzer, Hörbuchsprecher und Illustratoren) ihre Dienstleistung an, um Manuskripte zu verbessern oder die Vielfalt zu erhöhen. Autoren vereinbaren unabhängig von tredition mit Literatur-Partnern die Konditionen ihrer Zusammenarbeit und können gemeinsam am Erfolg des Buches partizipieren.

Das gesamte Verlagsprogramm von tredition ist bei allen stationären Buchhandlungen und Online-Buchhändlern wie z. B. Amazon erhältlich. e-Books stehen bei den führenden Online-Portalen (z. B. iBookstore von Apple) zum Verkauf.

Seit 2009 bietet tredition sein Verlagskonzept auch als sogenanntes "White-Label" an. Das bedeutet, dass andere Personen oder Institutionen risikofrei und unkompliziert selbst zum Herausgeber von Büchern und Buchreihen unter eigener Marke werden können.

Mittlerweile zählen zahlreiche renommierte Unternehmen, Zeitschriften-, Zeitungs- und Buchverlage, Universitäten, Forschungseinrichtungen, Unternehmensberatungen zu den Kunden von tredition. Unter www.tredition-corporate.de bietet tredition vielfältige weitere Verlagsleistungen speziell für Geschäftskunden an.

tredition wurde mit mehreren Innovationspreisen ausgezeichnet, u. a. Webfuture Award und Innovationspreis der Buch-Digitale.

tredition ist Mitglied im Börsenverein des Deutschen Buchhandels.

FSC
www.fsc.org
MIX
Papier | Fördert
gute Waldnutzung
FSC® C083411

Zeitfracht Medien GmbH
Ferdinand-Jühlke-Straße 7
99095 Erfurt, Deutschland
produktsicherheit@kolibri360.de